The Yellow Canary
Whose Eye Is So Black

The Yellow Canary

Edited and translated by

Whose Eye Is So Black

Cheli Durán

Macmillan Publishing Co., Inc.

New York

54446

Macmillan Publishing Co., Inc.
866 Third Avenue, New York, N.Y. 10022
Collier Macmillan Canada, Ltd.

Printed in the United States of America

10   9   8   7   6   5   4   3   2   1

LIBRARY OF CONGRESS CATALOGING IN PUBLICATION DATA

Main entry under title:
The Yellow canary whose eye is so black.

Bibliography: p.   Includes indexes.
1. Spanish American poetry—Translations into
English. 2. English poetry—Translations from Spanish.
3. Spanish American poetry. I. Ryan, Cheli Durán.
PQ7087.E5Y4   861'.008   77-6354
ISBN 0-02-732910-0 08

78- 12233

Acknowledgments

José Martín-Artajo first read me many of these poets and over the years drummed his favorite poems into my memory. Sarah Kafatou read and corrected many of the translations in manuscript and invariably found the right word, phrase or rhyme when I was stuck. Julián Orbón sang to me as a child José Martí's poems, from which I have taken the title of this book. And Elizabeth Shub and the editors at Macmillan have helped me constantly and in many ways—not least in tracking down poets who appeared to have vanished into thin air, leaving behind them, in the words of the Aztec poet "... only flowers ... only songs. ..."

A Note on the Selection and Translation

I chose poems because they moved me, because I liked them or because they gave a glimpse of life and feeling in Latin America. I included a few pre-conquest and folk poems to give readers an idea of the roots and traditions of Latin American poetry. Some of the poems in the anthology are great poems; others can be called light verse. The selection represents only a glimpse of the enormous wealth of poetry in Spanish-speaking Latin America.

A number of poets I had originally hoped to include—among them, Julio Herrera y Reissig, Alfonsina Storni, Carlos Pellicer—had to be left out because of difficulties in securing permissions. Other poets are not represented as completely as I would have wished because of their high permission fees. I was forced to leave out many poems that I would have had to approach too freely for the restrictions imposed by a bilingual edition: notably, the experiments with African sounds and rhythms of Nicolás Guillén and Luis Palés Matos.

Everyone approaches translation differently. To me, the form a poet uses is as important as what he is trying to say—perhaps it's because he uses that particular form that he says exactly what he says—and so I've chosen often, but not always, to find an equivalent for that form in English.

Contenido / Contents

Nahuatl

Yo, el poeta 2
I, the Poet 3

Sólo venimos a dormir 2
We Only Come to Sleep 3

Abro mis alas 4
Opening My Wings 5

Cantos de Cacamatzin 6
The Song of Cacamatzin 7

Quechua/Quechuan

Me dio el ser mi madre 12
My Mother Gave Me Life 13

Apu Inka Atawallpaman 14
Lament for the Inca Atahualpa 15

Luis de Sandoval y Zapata

A una cómica difunta 26
On the Death of an Actress 27

Juana de Asbaje

Redondillas 28
Verses 29

Vicente Riva Palacio

Al viento, en la prisión de Tlatelolco 36
To the Wind, from Tlatelolco Prison 37

Anónimo/Anonymous

Santo Tomé 38
St. Thomas 39

José Hernández

de *Martín Fierro* 42
from *Martín Fierro* 43

Manuel González Prada

El Mitayo 54
The Mitayo 55

José Martí

de *Versos sencillos*   58
from *Simple Verses*   59

Dos patrias   68
Two Motherlands   69

Manuel José Othón

Mira el paisaje   70
Look at the View   71

Julián del Casal

Crepuscular   72
Twilight   73

José Asunción Silva

Avant-propos   74
Avant-Propos   75

Ars   76
Ars   77

Rubén Darío

¡Torres de Dios!   78
Towers of God! Poets!   79

A Roosevelt   80
To Roosevelt   81

Lo fatal   86
Fate   87

El gallo   88
The Fighting Cock   89

José Juan Tablada

Haikais   90
Haikus   91

Leopoldo Lugones

de Los ínfimos   94
from The Humble   95

La blanca soledad   96
White Solitude   97

José María Eguren

El caballo   102
The Horse   103

Anónimo/Anonymous

Cuatro villancicos   104
Four Christmas Carols   105

Ramón López Velarde

    Mi prima Agueda   114
    My Cousin Agatha   115

Gabriela Mistral

    Canción del maizal   118
    Song of the Corn   119

    La medianoche   122
    Midnight   123

    Todas íbamos a ser reinas   124
    We Were Going to Be Queens   125

Alfonso Reyes

    Sol de Monterrey   130
    Monterrey Sun   131

Mariano Brull

    Verdehalago   136
    Greencaress   137

César Vallejo

    Los nueve monstruos   140
    The Nine Monsters   141

    Considerando en frío   146
    Considering Coldly   147

Va corriendo, andando, huyendo   148
He Goes Running, Walking, Fleeing   149

De puro calor tengo frío   150
I'm Frozen from Heat   151

Los desgraciados   152
The Wretched   153

Traspié entre dos estrellas   156
Stumbling Between Two Stars   157

Un hombre pasa   160
A Man Walks By   161

Masa   164
The Masses   165

Anónimo/Anonymous

Cuando salí de mi tierra   166
When I Left My Country   167

Las niñas de Tucumán   168
Young Ladies of Tucumán   169

Un mosquito   170
The Mosquito   171

Receta contra el amor   172
Medicine to Cure Love   173

Vicente Huidobro

Alerta   174
Alert   175

Horizonte   176
Horizon   177

de *Altazor*   178
from *Altazor*   179

Luis Palés Matos

Topografía   184
Topography   185

Ricardo E. Molinari

Cancionero de Príncipe de Vergara   190
Songbook of the Prince of Vergara   191

Jorge Luis Borges

Poema conjetural   196
Conjectural Poem   197

José Gorostiza

Acuario   200
Aquarium   201

Nicolás Guillén

Caña   204
Cane   205

Sensemayá   206
Sensemayá   207

Madrigal   208
Madrigal   209

Calor   210
Heat   211

Jorge Carrera Andrade

Corte de cebada   212
Reaping the Barley   213

El hombre del Ecuador bajo la Torre Eiffel   214
The Man of Ecuador Under the Eiffel Tower   215

Xavier Villaurrutia

Nocturno rosa   218
Rose Nocturne   219

Pablo Neruda

de Alturas de Macchu Picchu   224
from The Heights of Macchu Picchu   225

Oda a la alcachofa   230
Ode to an Artichoke   231

El padre   236
Father   237

Manuel del Cabral

de *Mon dice cosas*   242
from *Mon Speaks Out*   243

Sara de Ibáñez

Isla en la luz   244
Island in the Light   245

Anónimo/Anonymous

La fiesta de la Candelaria   246
The Candlemas Feast   247

Octavio Paz

Himno entre ruinas   254
Hymn Among Ruins   255

Madrugada   260
Dawn   261

Agua nocturna   260
Night Water   261

Piedra nativa   262
Native Stone   263

Aquí   264
Here   265

Pares y nones   264
Odds or Evens   265

xvii

Nicanor Parra

Recuerdos de juventud   268
Memories of Adolescence   269

Juan José Arreola

Metamorfosis   272
Metamorphosis   273

Cintio Vitier

La luz del Cayo   276
Key West Light   277

Ernesto Cardenal

Epigrama   280
Epigram   281

de La hora 0   282
from Zero Hour   283

Jaime Sabines

Algo sobre la muerte del mayor Sabines   288
Words on the Death of Sabines Senior   289

Blanca Varela

Las cosas que digo son ciertas   294
What I Say Is True   295

Carlos Germán Belli

En vez de humanos dulces   298
Instead of Gentle Human Beings   299

Papá, mamá   300
Papa, Mama   301

Enrique Lihn

Recuerdos de matrimonio   302
Souvenirs of Marriage   303

Roberto Fernández Retamar

Niñas y niños, muchachas y muchachos   306
Girls and Boys, Young Men and Women   307

Fayad Jamís

¿Qué es para usted la poesía?   310
What's Poetry for You?   311

Antonio Cisneros

Poema sobre Jonás y los desalienados   316
Poem on Jonas and Others Out of Line   317

Javier Heraud

Las moscas   318
Flies   319

Arte poética   322
The Art of Poetry   323

Indice de poetas/Index to Poets   327

Indice de títulos   329

Index to Titles   332

Indice de primeros versos   335

Index to First Lines   339

Bibliografía escogida/Selected Bibliography   343

Introduction

Poetry was a tradition in Aztec, Inca and other pre-Columbian cultures. The remnants that survived the Spanish conquest influenced poets in search of their native roots. The Aztecs' sensuous imagery of flowers, jewels, feathers, their love of life and their desolation at having to leave it for the void resurface in poets like Rubén Darío and Octavio Paz. The powerful, emotional imagery in the Quechua "Lament for the Inca Atahualpa" and in Pablo Neruda's *The Heights of Macchu Picchu* are startlingly similar. The Quechua folk symbol of death, the fly, reappears in a modern poem by the Peruvian Javier Heraud. And life and death extremes run through the entire course of Latin American poetry, summed up in the image of "the yellow canary whose eye is so black" of José Marti. Tropics, desert. Desolation, luxuriance. The sun dazzles, men suffer and die.

Few bodies of poetry express such a strong awareness of social injustice. The Latin American poet may start from his center but he moves outward to others: he is José Martí, who died fighting for the independence of Cuba and wrote visionary poems with a simplicity reminiscent of William Blake; César Vallejo, who lived the hunger and poverty to be transformed into everyman's cry in his *Poemas Humanos;* Nicolás Guillén, whose poems about the poor and blacks are sung in Cuban canefields; Pablo Neruda, who moved backward in time to become the mouthpiece for a forgotten civilization; Octavio Paz, who believes that love for man is the only salvation; Ernesto Cardenal, who identifies himself with all the suffering people of his country; or Javier Heraud, a guerrilla killed by the army of Peru at the age of twenty-one. A deep, dark river over which a kingfisher darts, a butterfly hovers or a fish leaps for a brief moment into the sun.

A language suffers on transplantation to its new environment. Just as poetry in the United States did not fully find its voice until the nineteenth century, when the country's boundaries were defined and the vernacular determined, so in Latin America poets were late in realizing that the new environment demanded a departure from the literary traditions of Spain. There were exceptional poets like the intelligent and passionate seventeenth-century Juana de Asbaje, who used traditional forms with biting wit, but in general poets simply reproduced Renaissance and Baroque techniques. After 1830, when most of the modern Latin American republics had won their independence, some poets, influenced by the French Romantics, turned to glorifying native man in his natural surroundings. This resulted in reams of conventional rhetoric, but also in "gaucho" poetry, simple, dramatic narrative written in ballad form, like *Martín Fierro* by José Hernández. Folk music and verse, based on Amerindian, African and European traditions, flourished throughout the continent.

The first truly indigenous movement in poetry, *Modernismo*, began toward the end of the nineteenth century with the publication of José Martí's *Ismaelillo* in 1880. *Modernismo* took so many forms that the most comprehensive way to describe it is as a reaction against Spanish influence which in turn decisively influenced Spanish literature. It was essentially a revitalizing movement, drawing on the Symbolists and Parnassians, Poe and Whitman (one of the most important influences on modern Latin American poets, from Darío to Neruda), and on native sources. Poets used old meters in new ways, invented others, experimented with free verse and simple language, and introduced the individual confessional, escapist or introspective moods. "I love difficult sonorities and sincerity, although they may seem brutal...," wrote José Martí. Manuel González Prada, a Peruvian, imported complicated French and Italian meters. But it was the Nicaraguan Rubén Darío who popularized *Modernismo* in Latin America and Spain and influenced generations of poets. A bold innovator, a master of rhyme and meter, Darío believed that change was the only basis of tradition, a theory which enabled him to thunder about the sanctity of the poet's ivory tower and yet roll out caustic political warnings. At the end of the Spanish-American War in 1899, Latin Americans stopped reacting against Spain and instead united against the threat of United States imperialism. Darío wrote some of his best poetry in this second period. Leopoldo Lugones, of Argentina, was another excellent poet of late *Modernismo*. A poet who could convey a landscape with the delicacy of a watercolor or communicate pure abstract emotion, Lugones also experimented with metrical forms.

Post-Modernismo was characterized by a return to romanticism and lyrical simplicity, with subjects taken from everyday rural or urban life. The Mexican poet Ramón López Velarde was the first to use local themes and diction successfully. In Chile, Gabriela Mistral used simple language and traditional forms to express strong and primitive emotions.

After World War I, poets known as *Vanguardistas* experimented with new forms in an attempt to express the chaos of the postwar world. They used fantasy and often explosive imagery to pose metaphysical and existential problems. The Chilean Vicente Huidobro created his own school in *Creacionismo,* in which the poet is "a little god." Huidobro saw the reason for man's existence in the lack of a reason and thought a poem should contain nothing "anecdotal or descriptive. The emotion must be born of sheer creative virtue. Make a poem as nature makes a tree." Jorge Luis Borges introduced *Ultraismo* in the 1920's, a movement influenced by the French Surrealists and based on the autonomy of the metaphor, although he gradually disassociated himself from it to explore metaphysics. At the same time, other Latin American poets, fascinated by African dialects and rhythms, experimented with poetry on black themes. The best was written by the Cuban Nicolás Guillén, who uses the popular speech of his people in musical poems of strong social protest.

In Peru, César Vallejo also wrote experimental verse, but although some of his work is *Vanguardista* (notably some of the poems in *Trilce*), he cannot be classed with any movement. In his late poems there is no weather, no scenery, no time, no props—nothing but man's inner state. It is a visceral poetry, often expressed in body terms. Language is stripped to its skeleton, emotion is compressed to the incoherency of crisis, reducing man to—and ennobling him at—the level of his most primitive needs, in the dark cellar of guilt and instinct. Pain, loneliness and hunger are universal: by fracturing, contorting or contradicting established grammatical and semantic norms, Vallejo forces words to express emotions that lose their force when conveyed logically. His man—an empty stomach, a chest full of pain, a forehead stuffed with doubts and fears, a body against all odds vertical—is a creature trapped between his desires and the limits of life. They are moving, uneven poems, hammers that batter our conscience.

Like Vallejo, Pablo Neruda remains outside all groups. In his early poems,

Neruda incorporated some beliefs of *Superrealismo,* a movement whose followers, basing their ideas on Freud, thought any physical description of man should include his individual feelings and experiences. Later he wrote about mankind in general. Neruda's best poems rise like monuments in level after level of unconnected images around a central core of vehement emotion. He is primarily a visual poet and reading his work is like looking through a kaleidoscope, no sooner do we perceive an image than it changes. Rain, wind, earth, sea, rock, rose, tree: image after image is composed out of this elemental vocabulary. Precisely because he is so visual and because his technique is not complicated, Neruda lends himself to translation and has had more influence outside Latin America than any other poet.

Another poet widely translated is the Mexican Octavio Paz, who tries to resolve Western fragmentation through internal clarity in a philosophical quest for meaning. States of mind, his landscapes glitter like jewels in a void, all light or complete absence of light. Existence is circular and any given spot is the whole earth—"Man, tree of images: words that are flowers that are fruits that are acts." At the opposite extreme is the Chilean Nicanor Parra, who repudiates all poetic abstractions, saying, "For me, the function of language is as a simple vehicle." His poems, or rather antipoems, as he calls them, are conversational, funny, nonsymbolist and understated.

The best younger poets writing today do not belong to movements. The apocalyptic build-up, detail by detail, of Ernesto Cardenal's "Zero Hour," Jaime Sabines' sense of horror and absurdity, or Javier Heraud's simple directness are each very different forms of communicating experience. But they all have the force and immediacy which only comes when poetry is a living tradition, and is read and listened to eagerly. Poetry matters in Latin America. It is a way of assimilating a bloody and chaotic history; of enduring or celebrating the present; of crossing the frontiers of individual countries to unite lands as far away and different as Mexico and Chile. The yellow canary sings in Latin America.

—Cheli Durán

The Yellow Canary
Whose Eye Is So Black

Nahuatl

Yo, el poeta

Yo, el poeta, señor del canto,
yo, el cantor, hago resonar mi tambor.
¡Ojalá mi canto despierte
las almas de mis compañeros muertos!

Traducción de Carlos Villegas

Sólo venimos a dormir

Sólo venimos a dormir, sólo venimos a soñar:
no es verdad, no es verdad que venimos a vivir a la tierra.
En yerba de primavera venimos a convertirnos:
llegan a reverdecer, llegan a abrir sus corolas nuestros corazones,
es una flor nuestro cuerpo: da algunas flores y se seca.

Traducción de Angel Ma. Garibay K.

Poetry was an important art under the Aztec kings; they maintained "houses of song" to train young poets and sponsored poetry contests. Some rulers, like Nezahualcóyotl of Tezcoco, were themselves poets. The Aztecs did not use rhyme but relied on a delicate balance between accented and unaccented syllables and elaborate symbolism. Their poetry, or "flowers and song," was always sung or declaimed to music.

I, the Poet

I, the poet, the master of music,
I, the singer, beat songs on my drums.
Oh may my singing raise from tombs
the souls of my dead companions!

We Only Come to Sleep

We only come to sleep, we only come to dream:
it is not true, not true, that we come to this world to live.
We come to change ourselves in green spring grass.
Our hearts grow green again, they open into crowns.
Our body is a flower—it blossoms, and then dries.

3

Abro mis alas

Abro mis alas,
ante ellos lloro,
¿cómo iremos al interior del cielo?

¡Ah, si se viviera siempre, si nunca se muriera!
Vivimos con el alma desgarrada,
hay sobre nosotros un estallar de rayos,
se nos acecha y espía.
Vivimos con el alma desgarrada. ¡Súfrase!
¡Ah, si se viviera siempre, si nunca se muriese!

¿Se irá tan sólo mi corazón
como las flores que fueron pereciendo?
¿Nada mi nombre será algún día?
¿Nada mi fama será en la tierra?
¡Al menos flores, al menos cantos!
¿Cómo lo hará mi corazón (para sobrevivir)?
¡Ay, en vano pasamos por la tierra!

TRADUCCIÓN DE ANGEL MA. GARIBAY K.

Opening My Wings

Opening my wings,
I weep before them,
How will we go to the depths of the sky?

Oh if we only lived forever, if only we never died!
We live with souls that are slashed.
Rays of lightning crash above us,
lie in ambush and spy us out.
We live with souls that are slashed. Suffer!
Oh if we only lived forever, if only we never died!

Will my heart disappear
like flowers that slowly fade?
Will nothing be left of my name someday?
Will nothing on earth be left of my fame?
If only flowers, if only songs!
How can my heart survive!
Oh we walk through this world for nothing!

Nahuatl

Cantos de Cacamatzin

Amigos nuestros,
escuchadlo:
que nadie viva con presunción de realeza.
El furor, las disputas
sean olvidadas,
desaparezcan
en buena hora sobre la tierra.

Cacamatzin of Tezcoco (1494–1520), Mexico. The son of the poet Nezahualpilli and grandson of the philosopher poet Nezahualcóyotl, Cacamatzin was taken prisoner by the Spaniards, tortured and put to death a few weeks after the murder of his uncle Moctezuma, the Aztec emperor. It is possible that the "Song" was composed during Cacamatzin's imprisonment.

The Song of Cacamatzin

Listen, my friends,
to what I sing—
that no man here presume to rule as king.
Let the fury and the battles
be forgotten
and disappear with time
beneath the earth.

También a mí sólo,
hace poco me decían,
los que estaban en el juego de pelota,
decían, murmuraban:
¿Es posible obrar humanamente?
¿Es posible actuar con discreción?
Yo sólo me conozco a mí mismo.
Todos decían eso,
pero nadie dice verdad en la tierra.

Se extiende la niebla,
resuenan los caracoles,
por encima de mí y de la tierra entera.
Llueven las flores, se entrelazan, hacen giros,
vienen a dar alegría sobre la tierra.

Es en verdad, tal vez como en su casa,
obra nuestro padre,
tal vez como plumajes de quetzal en tiempo de verdor,
con flores se matiza,
aquí sobre la tierra está el Dador de la vida.
En el lugar donde suenan los tambores preciosos,
donde se hacen oír las bellas flautas,
del dios precioso, del dueño del cielo,
collares de plumas rojas
sobre la tierra se estremecen.

To me alone,
not long ago, those men
who used to play the game of ball[1]
came, murmuring,
Is it possible to be humane?
Is it possible to be discreet?
I trust myself alone,
all of them told me.
But no one tells the truth on earth.

The mists roll down,
the conch shells ring
above my head and over all the earth.
The flowers tumble, twine and twirl,
they come to spread their happiness on earth.

Truly our father reigns on earth
as in his house.
Perhaps in quetzal[2] feathers green as spring,
adorned with flowers,
the Giver-Out-of-Life rules here on earth.
There, where splendid kettle drums resound
and sweet flutes sing,
our precious god, creator of the skies,
flings down his necklace
of red plumage to the earth.

---

[1] Only nobles and professionals attached to the royal households were allowed to play the sacred game of ball. The court represented the world and the ball, made of hard rubber, the sun or moon. The ball courts were situated close to the temples.
[2] A Central American bird with brilliant feathers.

Envuelve la niebla los cantos del escudo,
sobre la tierra cae lluvia de dardos,
con ellos se obscurece el color de todas las flores,
hay truenos en el cielo.
Con escudos de oro
allá se hace la danza.

Yo sólo digo,
yo, Cacamatzin,
ahora sólo me acuerdo
del señor Nezahualpilli.
¿Acaso allá se ven,
acaso allá dialogan
él y Nezahualcóyotl
en el lugar de los atabales?
Yo de ellos ahora me acuerdo.

¿Quién en verdad no tendrá que ir allá?
¿Si es jade, si es oro,
acaso no tendrá que ir allá?
¿Soy yo acaso escudo de turquesas,
una vez más cual mosaico volveré a ser incrustado?
¿Volveré a salir sobre la tierra?
¿Con mantas finas seré amortajado?
Todavía sobre la tierra, cerca del lugar de los atabales,
de ellos yo me acuerdo.

TRADUCCIÓN DE MIGUEL LEÓN-PORTILLA

The clash of shields is swallowed by the fog.
Showers of darts are raining on the earth,
darkening the colors of the flowers.
Thunder is rolling through the air.
With golden shields,
they dance up there.

I only sing,
I, Cacamatzin,
only now
recall King Nezahualpilli.
Perhaps up there
Nezahualcóyotl and he
visit and talk
in the kettle drum land.
I think of them now.

For, truly, who won't join them there?
Whether a man is jade[1] or gold,
won't he still travel to that land?
Am I perhaps a turquoise[2] shield
that can, like a mosaic, be re-inlaid?
Will I come back to earth?
Will I be shrouded in precious cloths?
Close to the land of kettle drums,
I think of them while still on earth.

---

[1] To the Aztecs, jade was the most valuable stone and possessed magical powers.
[2] Only members of the ruling family were allowed to wear turquoise.

Quechua

Me dio el ser mi madre

Me dio el ser mi madre
¡ay!
entre una nube de lluvia
¡ay!
semejante a la lluvia para llorar
¡ay!
semejante a la lluvia para girar
¡ay!
para andar de puerta en puerta
¡ay!
como la pluma en el aire
¡ay!

Traductor desconocido

Only a few poems, mostly religious hymns and love lyrics, have been preserved from pre-conquest days, partly because the Incas had no system of writing. The poems were always unrhymed and were sung to music. Some scholars believe "The Lament for the Inca Atahualpa" was composed immediately after the murder of Atahualpa, the ruling Inca whom the Spaniards strangled in 1533 although he had ransomed himself with a fortune in gold. Others, arguing that the meter shows a Spanish influence, believe the poem was composed some time later.

My Mother Gave Me Life

My mother gave me life
oh!
inside a cloud of rain
oh!
like the rain to weep
oh!
like the rain to whirl
oh!
to drift from door to door
oh!
a feather on the wind
oh!

Apu Inka Atawallpaman

¿Qué arco iris es este negro arco iris
que se alza?
Para el enemigo del Cuzco horrible flecha
que amanece.
Por doquier granizada siniestra
golpea.

Mi corazón presentía
a cada instante,
aún en mis sueños, asaltándome,
en el letargo,
a la mosca azul anunciadora de la muerte;
dolor inacabable.

El sol vuélvese amarillo, anochece,
misteriosamente;
amortaja a Atahualpa, su cadáver
y su nombre;
la muerte del Inca reduce
al tiempo que dura una pestañada.

Su amada cabeza ya la envuelve
el horrendo enemigo;
y un río de sangre camina, se extiende
en dos corrientes.

Lament for the Inca Atahualpa

What rainbow is this black rainbow[1]
rising in the sky?
A terrible arrow dawns for Cuzco's[2]
enemies.
Everywhere, a ruinous hail
beats the ground.

My heart sensed,
it sensed with every beat,
a buzz that burrowed through my drowsiness
and sleep,
the blue fly, the messenger of death
and endless sorrow.

The sun is drained, it darkens
into night.
It winds the corpse and name of Atahualpa
in its shroud.
The Inca's death has shrunk eternity
to the blink of an eye.

His beloved head is covered
by his dreadful enemies.
A stream of blood runs and spreads,
two rivers rising.

---

[1] The Incas considered themselves descendants of the sun, and the sun's rainbow was their device.
[2] Cuzco, the sacred "city of the sun," was founded by the first Inca, Manco Capac. It was the capital of the Inca empire.

Sus dientes crujidores ya están mordiendo
la bárbara tristeza;
se han vuelto de plomo sus ojos que eran como el sol,
ojos de Inca.

Se ha helado ya el gran corazón
de Atahualpa,
el llanto de los hombres de las Cuatro Regiones
ahogándole.

Las nubes de los cielos han bajado
ennegreciéndose;
la madre Luna, transida, con el rostro enfermo,
empequeñece.
Y todo y todos se esconden, desaparecen,
padeciendo.

La tierra se niega a sepultar
a su señor,
como si se avergonzara del cadáver
de quien la amó,
como si temiera a su adalid
devorar.

Y los precipicios de rocas tiemblan por su amo,
canciones fúnebres entonando,
el río brama con el poder de su dolor,
su caudal levantando.

His gnashing teeth have clamped
on wild grief.
His eyes that were the sun have dulled to lead,
his Inca eyes.

Atahualpa's noble heart
has turned to ice.
Men of the Four Regions[1] drown him
in their tears and wails.

The clouds above sink lower,
darkening the sky.
Our mother moon,[2] ravaged and ill,
dwindles away.
And everything, everyone hides, vanishes,
suffering.

The earth refuses to bury
the body of its lord,
as if ashamed of covering
the bones that loved it,
as if afraid of swallowing
its leader.

Rock chasms tremble for their lord,
rumbling their laments.
The rivers roar with all the force of sorrow,
flooding their banks.

---

[1] The Inca empire was divided into four provinces. The word in Quechua for empire
means "land of the four quarters."
[2] Mother and sister of the sun, the moon was also a title of the queen mother.

Las lágrimas en torrentes, juntas,
se recogen.
¿Qué hombre no caerá en el llanto
por quien le amó?
¿Qué hijo no ha de existir
para su padre?

Gimiente, doliente, corazón herido,
sin palmas.
¿Qué paloma amante no da su ser
al amado?
¿Qué delirante e inquieto venado salvaje
a su instinto no obedece?

Lágrimas de sangre arrancadas, arrancadas
de su alegría;
espejo vertiente de sus lágrimas
¡retratad su cadáver!
Bañad, todos, en su gran ternura
vuestro regazo.

Con sus múltiples, poderosas manos,
los acariciados;
con las alas de su corazón,
los protegidos;
con la delicada tela de su pecho,
los abrigados;
claman ahora,
con la doliente voz de las viudas tristes.

Together, in torrents, we shed
our tears.
What man doesn't weep for the man
who loved him?
Is there a child who doesn't live
for his father?

Wail and suffer, wounded heart, uncrowned
by palms.
What dove wouldn't give its life
for its lover?
What mad wild deer won't follow
the call of its heart?

Tears of blood, forced, forced
from his happiness.
Cascading mirror of his tears, reflect
his corpse.
Let all of you bathe your laps
in his tenderness.

With his many, powerful hands,
he caressed;
with the wings of his heart,
he protected;
with the delicate cloth of his conscience,
he warmed;
and now he's keened
in the aching wails of sad widows.

Las nobles escogidas se han inclinado, juntas,
todas de luto.
El Willaj Umu se ha vestido de su manto
para el sacrificio.
Todos los hombres han desfilado
a sus tumbas.

Mortalmente sufre su tristeza delirante,
la Madre Reina;
los ríos de sus lágrimas saltan
al amarillo cadáver.
Su rostro está yerto, inmóvil,
y su boca dice:
—¿A dónde te fuiste, perdiéndote
de mis ojos,
abandonando este mundo
en mi duelo,
eternamente desgarrándote
de mi corazón?

Enriquecido con el oro de rescate,
el español.
Su horrible corazón por el poder devorado;
empujándose unos a otros,
con ansias cada vez, cada vez mas oscuras,
fiera enfurecida.
Les diste cuanto pidieron, los colmaste;
te asesinaron, sin embargo.

Sus deseos hasta donde clamaron los henchiste
tú solo.
Y muriendo en Cajamarca
te extinguiste.

Together the chosen noblewomen bow,
in funeral robes.[1]
The high priest wears his mantle
for the sacrifice.
And every man files past them,
past the open tombs.

The mother queen endures
a frenzy of sorrow.
Her tears fall in spurts
on the yellow corpse.
Her face is stiff, expressionless,
her mouth is crying,
"Where have you gone
now you've left my eyes,
drowning the earth
in my sorrow,
wrenching yourself forever
from my heart?"

The Spaniards have grown rich
on an Inca's ransom.
Their dreadful hearts consumed by power,
they urge one another on,
their greed each time, each time darker,
savage beasts.
You gave them all they wanted, even more.
And yet they killed you.

Alone, you fulfilled all the demands
they made on you.
And you were killed in Cajamarca,[2]
snuffed out.

---

[1] It was the custom for an Inca's wives and women to follow him in death. Although the poem suggests Atahualpa's wives died, the Spaniards prevented the sacrifice.
[2] A city in the northeastern region of Peru, in the Andes, where Atahualpa was put to death by Pizarro.

Se ha acabado ya en tus venas
la sangre;
se ha apagado en tus ojos
la luz;
en le fondo la más intensa estrella ha caído
tu mirar.

Gime, sufre, camina, vuela enloquecida,
tu alma, paloma amada;
delirante, delirante, llora, padece
tu corazón amado.
Con el martirio de la separación infinita
el corazón se rompe.

El límpido, resplandeciente trono de oro,
y tu cuna;
los vasos de oro, todo,
se repartieron.

Bajo extraño imperio, aglomerados los martirios
y destruidos;
perplejos, extraviados, negada la memoria,
solos;
muerta la sombra que protege;
lloramos.
Sin tener a quién o a dónde volver,
estamos delirando.

¿Soportará tu corazón,
Inca,
nuestra errabunda vida
dispersada?
por el peligro sin cuento cercada, en manos ajenas,
pisoteada?

The blood no longer pulses
through your veins.
The light has extinguished its wick
in your eyes.
Your gaze has dropped to the depths
of the whitest star that shines.

Howl, suffer, wander, wail delirious,
beloved dove, O soul.
Delirious, delirious, suffer, wail,
beloved heart.
In the pain of eternal parting,
the heart is broken.

Your glittering throne of pure gold,
your gold cradle,
your gold goblets—all you owned
has been shared out.

Under a strange rule, racked by torments
and destroyed,
confused, misled, our memories denied to us,
alone,
we weep now the shadow that protected us
is dead.
We have no one, nowhere to turn,
crazed with pain.

O Inca, will your heart survive
our drifting,
broken life?
Surrounded by countless dangers,
in the hands of foreigners,
stepped on, dirt?

Tus ojos que como flechas de ventura herían,
ábrelos;
tus magnánimas manos,
extiéndelas;
y con esa visión fortalecidos,
despídenos.

TRADUCCIÓN DE JOSÉ MA. ARGUEDAS

Your eyes that wounded like fate's arrows,
open them wide.
Your hands that were full from giving,
open them wide.
When our hearts are strong with your vision,
call to us good-by.

Luis de Sandoval y Zapata

A una cómica difunta

Aquí yace la púrpura dormida;
aquí el garbo, el gracejo, la hermosura,
la voz de aquel clarín de la dulzura
donde templó sus números la vida.

Trompa de amor, ya no a la lid convida
el clarín de su música blandura;
hoy aprisiona en la tiniebla obscura
tantas sonoras almas una herida.

La representación, la vida airosa
te debieron los versos y más cierta.
Tan bien fingiste—amante, helada, esquiva—,

que hasta la Muerte se quedó dudosa
si la representaste como muerta
o si la padeciste como viva.

Luis de Sandoval y Zapata (mid-seventeenth century), Mexico. Almost nothing is known of this recently rediscovered Mexican poet, author of some fine Baroque sonnets.

On the Death of an Actress

Here, where the sleeping purple lies,
are beauty, wit and elegance,
the clarion voice of eloquence
that made Life's discords harmonize.

Trumpet of Love! The tender sound
no longer summons us to war.
All those sonorous shades now soar
in the dark prison of the wound.

Words from your lips were more than true,
Life's breath and mirror when you read.
Shy, passionate, cold—your art

left Death himself applauding you,
unsure if you had played him dead
or suffered living in the part.

Carl
important
words
of wisdom

27

Juana de Asbaje

Redondillas

Arguye de inconsecuentes el gusto y la censura de los hombres, que en las mujeres acusan lo que causan.

Hombres necios que acusáis
a la mujer sin razón,
sin ver que sois la ocasión
de lo mismo que culpáis:

si con ansia sin igual
solicitáis su desdén,
¿por qué queréis que obren bien
si las incitáis al mal?

Combatís su resistencia
y luego, con gravedad,
decís que fué liviandad
lo que hizo la diligencia.

Juana de Asbaje (1651–1695), Mexico. At eighteen, after serving as lady-in-waiting to the wife of the Viceroy, Juana de Asbaje took the veil under the name Sor Juana Inés de la Cruz. She saw convent life as the only alternative to marriage and devoted herself to her studies and poetry. Censured by church officials for her love of wordly knowledge, she wrote a passionate defense of her rights as a woman and scholar, *Respuesta a Sor Filotea de la Cruz* (1691), but not long after, sold all her books. She died nursing nuns during an epidemic.

Verses

against the inconsistencies in the taste and censures of men, who accuse women of what they themselves are to blame for:

You men are foolish who accuse
a woman without cause,
forgetting that you write the laws
you tempt her to abuse:

if burning with desire, you long
to be disdained, why should
you take for granted she'll be good
but urge her to do wrong?

You overcome her scruples to
triumphantly assert
she fell because she was a flirt
and not for love of you.

Parecer quiere el denuedo
de vuestro parecer loco,
al niño que pone el coco
y luego le tiene miedo.

Queréis con presunción necia
hallar a la que buscáis,
para pretendida, Thais,
y en la posesión, Lucrecia.

¿Qué humor puede ser más raro
que el que, falto de consejo,
él mismo empaña el espejo
y siente que no esté claro?

Con el favor y el desdén
tenéis condición igual,
quejándoos, si os tratan mal,
burlándoos, si os quieren bien.

Opinión, ninguna gana;
pues la que más se recata,
si no os admite, es ingrata,
y si os admite, es liviana.

Siempre tan necios andáis
que, con desigual nivel,
a una culpáis por cruel
y a otra por fácil culpáis.

Your mad behavior in its cheek
recalls those boys who wear
a mask to give their friends a scare—
then see themselves and shriek.

You hope to gain, with stupid pride,
what you are searching for:
a wanton Tháis[1] at the door,
a chaste Lucrece[2] inside.

But what's more senseless than the whim
of a man who is so crass
he breathes upon a looking-glass,
then fumes because it's dim?

Showered with favors or disdain,
you scorn both equally:
if loved, you mock unmercifully,
if loathed, you just complain.

A woman never wins repute,
though always on her guard.
If she is deaf, you call her hard.
All ears? She's dissolute.

The contradiction you express
should give you vertigo:
you blame the woman who shouts no!
the woman who sighs yes . . .

---

[1] A Greek courtesan of the fourth century B.C., mistress of Alexander the Great and Ptolemy I of Egypt.
[2] A Roman woman who committed suicide after being raped by a son of Tarquin the Proud, in 510 B.C.

¿Pues cómo ha de estar templada
la que vuestro amor pretende,
si la que es ingrata ofende,
y la que es fácil enfada?

Mas entre el enfado y pena
que vuestro gusto refiere,
bien haya la que no os quiere,
y quejaos en hora buena.

Dan vuestras amantes penas
a sus libertades alas,
y después de hacerlas malas
las queréis hallar muy buenas.

¿Cuál mayor culpa ha tenido,
en una pasión errada:
la que cae de rogada,
o el que ruega de caído?

¿O cuál es más de culpar,
aunque cualquiera mal haga,
la que peca por la paga,
o el que paga por pecar?

¿Pues para qué os espantáis
de la culpa que tenéis?
Queredlas cual las hacéis,
o hacedlas cual las buscáis.

Dejad de solicitar,
y después, con más razón,
acusaréis la afición
de la que os fuere a rogar.

For what is anyone who dreams
of winning you to do?
You're angry if one yields to you,
you're outraged if one screams.

18 – 12233

Between the anger and the sighs
in which you love to drown,
good luck to her who turns you down:
go grumble to the skies.

Your teasing loosens all restraints
till women fall, but when
you've made them into devils, then
you wish that they'd proved saints.

Who commits the guiltier deed
in a guilty love affair?
She who falls in flattery's snare?
Or he who falls to plead?

Whose do you judge the graver sin,
though both have gone astray:
she who sinks to sin for pay?
or he who pays to sin?

Why look surprised, as if you can't
admit your guilt's a fact?
Want women as you've made them act
or make them as you'd want.

Stop serenading at their doors
and then you'll have more right
to censor the adoring light
in eyes that follow yours.

Bien con muchas armas fundo
que lidia vuestra arrogancia,
pues en promesa e instancia
juntáis diablo, carne y mundo.

Your arrogance, I justly level,
is well-equipped to fight:
in vows and action you unite
the world, the flesh, the devil.

Vicente Riva Palacio

Al viento, en la prisión de Tlatelolco

Cuando era niño, con pavor te oía
en las puertas gemir de mi aposento;
doloroso tristísimo lamento
de misteriosos seres te creía.

Cuando era joven, tu rumor decía
frases que adivinó mi pensamiento;
y cruzando después el campamento,
"Patria," tu ronca voz me repetía.

Hoy te siento azotando, en las oscuras
noches, de mi prisión las fuertes rejas;
pero hanme dicho ya mis aventuras

que eres viento, no más, cuando te quejas,
eres viento si ruges o murmuras,
viento si llegas, viento si te alejas.

Vicente Riva Palacio (1832–1896), Mexico. A journalist and lawyer, Riva Palacio also ranked as a general and fought against the empire of Maximilian of Hapsburg, a puppet king installed by Napoleon III of France in 1864. He resigned from the army at the close of the war and wrote many popular novels and short stories, among them *Cuentos del general,* as well as a number of poems.

To the Wind, from Tlatelolco Prison

As a child, when the doors of the house groaned,
I listened to you cry and shook with fear.
Your mournful wailing echoed in my ear
as if mysterious beings had moaned.

As a boy, I dreamed I could understand
snatches of the murmurs that I heard;
and later in the army camp, the word
I heard your hoarse voice call was, "Fatherland."

Now on the dark nights when I hear you try
to shake the iron bars that guard my jail,
I know from my experience at last

that you are wind, only wind, when you cry,
you are wind in a breeze or in a gale,
and wind when you come and wind when you've passed.

Anónimo

Santo Tomé

Santo Tomé iba un día
orillas del Paraguay,
aprendiendo el guaraní
para poder predicar.
Los jaguares y los pumas
no le hacían ningún mal,
ni los jejenes ni avispas
ni la serpiente coral.
Las chontas y motacúes
palmito y sombra le dan;
el mangangá le convida

The Guaraní Indians, an independent fighting tribe of Paraguay and northern Argentina, lived off the land and were excellent navigators. In the seventeenth century, the Jesuits, who had converted them to Catholicism, established the Guaraní in settlements, ostensibly to protect them from being exploited for labor by large landowners or enslaved by slaverunners from Brazil. Jesuit priests fought alongside the Guaraní against the government and landholders until the Order was suddenly expelled in 1767, after which the Guaraní lost many of their rights. This ballad was preserved in Paraguay through oral tradition.

St. Thomas

St. Thomas sailed along
the river of Paraguay,
learning, so he could preach,
the tongue of the Guaraní.[1]
The jaguar and the puma
are harmless for his sake,
the stinging gnat, the wasp
and the deadly coral snake.
The palmtree and motacúe[2]
fan him and give him shade,
the honeybee invites him

---

[1] Still an official language in Paraguay today.
[2] A South American shade tree.

a catar de su panal.
Santo Tomé los bendice
y bendice al Paraguay;
ya los indios guaraníes
le proclaman capitán.
Santo Tomé les responde:
"Os tengo que abandonar
porque Cristo me ha mandado
otras tierras visitar.
En recuerdo de mi estada
una merced os he de dar
que es la hierba paraguaya,
que por mí bendita está."
Santo Tomé entró en el río,
y en peana de cristal
las aguas se lo llevaron
a las llanuras del mar.
Los indios, de su partida,
no se pueden consolar
y a Dios siempre están pidiendo
que vuelva Santo Tomás.

to eat honey it has made.
St. Thomas blesses them
and blesses Paraguay.
Indians call the saint
chief of the Guaraní.
St. Thomas says to them,
"I have to go, dear friends,
for Christ has ordered me
to preach in other lands.
In memory of my stay,
I leave you this bequest,
the grass of Paraguay,
the grass that I have blessed."
On a pedestal of crystal,
St. Thomas rode the spray,
and currents bore him off
to the prairies of the sea.
The Indians, since he left,
only mourn their lack,
and every day ask God
to send St. Thomas back.

South American Indians are my ancestors from but they come Puerto Rican from along the Amazon heritage area & northern South America

José Hernández

de *Martín Fierro*

... Siempre andaba retobao,
con ninguno solía hablar;
se divertía en escarbar
y hacer marcas con el dedo;
y cuando se ponía en pedo
me empezaba aconsejar.

Me parece que lo veo
con su poncho calamaco;
después de echar un buen taco
ansí principiaba a hablar:
"Jamás llegués a parar
a donde veás perros flacos.

José Hernández (1834–1886), Argentina. A soldier, journalist and government official, Hernández was inspired by a wish to change government attitudes toward the gauchos, the poor herdsmen of the pampas. His long epic poem, *Martín Fierro*, the story of a persecuted gaucho, was learned by heart and recited from ranch to ranch, all over Argentina. In this excerpt from the second part of *Martín Fierro*, Martín Fierro's young son, left to the mercy of the local judge, talks about the advice he was given by the man the judge appointed as his "guardian"—an old swindler and thief called Viscacha. The poem is full of gaucho dialect.

from *Martín Fierro*

... He never talked to a soul
but was always full of spite.
Stretched in the dirt he would draw
brands with his finger all night.
And when he was stinking tight,
he'd start to lay down the law.

I can almost see him now
in the ratty poncho he wore.
A swig at the jug, one more,
and the lecture would begin—
"Don't ever knock on a door
where you see the dogs are thin.

"El primer cuidao del hombre
es defender el pellejo;
lleváte de mi consejo,
fijáte bien lo que hablo:
el diablo sabe por diablo,
pero más sabe por viejo.

"Hacéte amigo del juez,
no le dés de qué quejarse;
y cuando quiera enojarse
vos te debés encojer,
pues siempre es güeno tener
palenque ande ir a rascarse.

"Nunca le llevés la contra
porque él manda la gavilla;
allí sentao en su silla
ningún güey le sale bravo:
a uno le dá con el clavo
y a otro con la cantramilla.

"El hombre, hasta el más soberbio,
con más espinas que un tala,
aflueja andando en la mala
y es blando como manteca:
hasta la hacienda baguala
cai al jagüel en la seca.

"The first thing a man must do
is look out for his own skin,
so guard my advice like gold,
it pays to do as you're told.
The devil is wise from sin,
but wiser because he's old.

"Stay on good terms with the judge,
don't give him grounds for offense:
when he's angry, it makes sense
to circle around his track.
For it helps to have a fence
on which you can scratch your back.

"Don't try to go against him,
he's the one who owns the team.
Sitting up there on his box,
he tames the stubbornest ox.
The leader he gets with a beam,[1]
and he flicks the straggler's hocks.

"The hardest, proudest of men
with thorns like a tala bush[2]
grow soft when their luck runs out,
like lard that's been left about,
and even wild cattle rush
to the ranch trough in a drought.

---

[1] A long beam protruding from the cart with a whip operated by a pulley.
[2] A prickly pampa tree with hard white wood.

"No andés cambiando de cueva,
hacé las que hace el ratón:
conserváte en el rincón
en que empesó tu esistencia:
vaca que cambia querencia
se atrasa en la parición."

Y menudiando los tragos
aquel viejo como cerro,
"No olvidés," me decía, "Fierro,
que el hombre no debe crer,
en lágrimas de muger
ni en la renguera del perro.

"No te debés afligir
aunque el mundo se desplome:
lo que más precisa el hombre
tener, según yo discurro,
es la memoria del burro
que nunca olvida ande come.

"Dejá que caliente el horno
el dueño del amasijo;
lo que es yo, nunca me aflijo
y a todito me hago el sordo:
el cerdo vive tan gordo
y se come hasta los hijos.

"El zorro que ya es corrido,
dende lejos la olfatea;
no se apure quien desea
hacer lo que le aproveche:
la vaca que más rumea
es la que da mejor leche.

"Don't scurry from nest to nest
but live like the little mouse—
make do with the nook you have
and where you were born your house.
For cattle that change their grass
are late when it's time to calve."

And sprawled out like a mountain
as he drained the bottle dry,
he'd say, "Don't forget now, son,
that good men have been undone.
Don't trust in women who cry
or dogs that limp on the run.

"Don't let your worries swamp you
though the world is a morass.
I reckon for what it's worth
what a man needs most on earth
is the memory of an ass—
it don't forget where there's grass.

"You leave the warming of ovens
to the man that's got the dough.
Why mind what other men do?
I play deaf or just don't know.
Like all God's critters, pigs grow
and they eat their piglets too!

"The fox that has been around
sniffs trouble from far away.
You want to do as you please?
Then take it easy, I say.
The cow that chews at its ease
will yield the best milk and cheese.

"El que gana su comida,
bueno es que en silencio coma;
ansina, vos ni por broma
querrás llamar la atención:
nunca escapa el cimarrón
si dispara por la loma.

"Yo voy donde me conviene
y jamás me descarrío;
lleváte el ejemplo mío,
y llenarás la barriga;
aprendé de las hormigas:
no van a un noque vacío.

"A naides tengás envidia,
es muy triste el envidiar;
cuando veás a otro ganar
a estorbarlo no te metas:
cada lechón en su teta
es el modo de mamar.

"Ansí se alimentan muchos
mientras los pobres lo pagan;
como el cordero hay quien lo haga
en la puntita, no niego;
pero otros, como el borrego,
toda entera se la tragan.

"Si buscás vivir tranquilo
dedicáte a solteriar;
mas si te querés casar,
con esta alvertencia sea:
que es muy difícil guardar
prenda que otros codicean.

"The man that finds his supper
should quietly sit and eat.
Don't show off your pride and hope—
even for laughs—or you're meat.
A wild horse climbing a slope
is easy prey for the rope.

"I go wherever I want,
and I never lose my track.
So listen—it takes a knack
to keep a man's belly round.
An ant can never be found
to stay in an empty sack.

"Don't envy a living soul
for envy means trouble's struck.
If a man is blessed by luck,
don't cheat him out of it.
Each little pig to its teat
is the proper way to suck.

"That's how a great many feed,
though poor folk suffer and die.
There are some, I don't deny,
who suck as gently as lambs.
But others are like young rams,
and they squeeze the udder dry.

"If you want to live in peace
you'll stick to a single life,
but if you itch for a wife,
be sure you remember this—
you'll have to trust in your knife
when others envy your bliss.

"Es un vicho la muger
que yo aquí no lo destapo:
siempre quiere al hombre guapo,
mas fijáte en la eleción;
porque tiene el corazón
como barriga de sapo."

Y gangoso con la tranca,
me solía decir: "Potrillo,
recién te apunta el cormillo,
mas te lo dice un toruno:
no dejés que hombre ninguno
te gane el lao del cuchillo.

"Las armas son necesarias
pero naides sabe cuándo;
ansina, si andás pasiando,
y de noche sobre todo,
debés llevarlo de modo
que al salir, salga cortando.

"Los que no saben guardar
son pobres aunque trabajen;
nunca, por más que se atajen,
se librarán del cimbrón:
al que nace barrigón
es al ñudo que lo fajen.

"Donde los vientos me llevan
allí estoy como en mi centro;
cuando una tristeza encuentro
tomo un trago pa alegrarme:
a mí me gusta mojarme
por ajuera y por adentro.

"A woman's a kind of beast
though I won't reveal what kind.
She falls for a handsome man
so be careful as you can.
Her tender heart has been lined
like a toad's belly, you'll find."

And snuffling from the booze now,
"Young colt," he used to preach,
"your eyeteeth are coming through,
so hear what the old bulls teach.
Don't let another man reach
for his knife before you do.

"Our weapons are things we need
though nobody knows just when.
So if you must leave your den,
especially late at night,
keep your knife handy to fight
in case you're attacked by men.

"Folks that don't save stay poor,
though they work until they die.
The whiplash of poverty
will leave on your back its welts.
Men born with a paunch can't be
taught how to tighten their belts.

"Wherever the winds may blow,
I'm at home in my own skin.
I take a blow on the chin
and a swallow makes it a joke.
I tell you I like to soak
myself without and within.

"Vos sos pollo, y te convienen
toditas estas razones;
mis consejos y leciones
no echés nunca en el olvido:
en las riñas he aprendido
a no peliar sin pujones."

Con estos consejos y otros,
que yo en mi memoria encierro
y que aquí no desentierro,
educándome seguía,
hasta que al fin se dormía
mesturao entre los perros.

"You're still a pullet and need
this advice I'm driving home.
And don't you go swerving from
the lessons you've been taught.
You learn from a cock that fought
with spurs—or you'll lose your comb."

And so he instructed me
with all this advice and more
I've got deep in my mind's store
where we'll leave it—it'll keep.
Till at last he'd start to snore
sprawled with his dogs in a heap.

Manuel González Prada

El Mitayo

—"Hijo, parto: la mañana
reverbera en el volcán;
dame el báculo de chonta,
las sandalias de jaguar."

—"Padre, tienes las sandalias,
tienes el báculo ya;
mas ¿por qué me ves y lloras?
¿A qué regiones te vas?"

Manuel González Prada (1848–1918), Peru. Although he came from a wealthy family and lived abroad, González Prada was deeply involved in the problems of his country and fought for the rights of the Indian, educational reforms and against the power of the church. He wrote ballads with traditional meters and introduced many Italian and French metrical forms into Spanish poetry. Among his works are *Minúsculas* (1901); *Exóticas* (1911); *Baladas* (1935); and *Grafitos* (1937).

The Mitayo[1]

"My son, I'm off. The morning light
shines from the volcano's rim.
Give me my palmwood walking cane,
my sandals sewn of jaguar skin."

"Father, you have your sandals now,
your hand is on your palmwood cane.
Why do you look at me and cry?
Why are you leaving us today?"

---

[1] The Mitayos were the Indians forced to work for a pittance (the *mita*) in mines under the Spaniards. Thousands of Indians died of disease and overwork or killed themselves.

—"La injusta ley de los Blancos
me arrebata del hogar;
voy al trabajo y al hambre,
voy a la mina fatal."

—"Tú, que partes hoy en día,
dime ¿cuándo volverás?"
—"Cuando el llama de las punas
ame el desierto arenal."

—"¿Cuándo el llama de las punas
las arenas amará?"
—"Cuando el tigre de los bosques
beba en las aguas del mar."

—"¿Cuándo el tigre de los bosques
en los mares beberá?"
—"Cuando del huevo del cóndor
nazca la sierpe mortal."

—"¿Cuándo del huevo del cóndor
una sierpe nacerá?"
—"Cuando el pecho de los Blancos
se conmueva de piedad."

—"¿Cuándo el pecho de los Blancos
piadoso y tierno será?"
—"Hijo, el pecho de los Blancos
no se conmueve jamás."

"The white man's law is so unjust
I'm forced to leave my home and farm.
I'm going to the mines of death,
I'm leaving you to slave and starve."

"You, who are about to go,
tell me, when will you come back?"
"Only when the highland llama
loves the bleak desert sand."

"And will the llama of the highlands
ever love the desert waste?"
"Only when the forest tiger
drinks the water of the waves."

"And will the tiger of the forest
ever drink the ocean surf?"
"Only when the serpent hatches
on the condor's dizzy perch."

"And will a serpent ever hatch
from the condor's clutch of eggs?"
"Only when the white man's heart
is moved to show true tenderness."

"And will the white man ever show
piety or tenderness?"
"My son, the white man doesn't feel.
His heart is always merciless."

not true necessarily but my Spanish ancestors were could really be cruel to darker peoples

José Martí

de *Versos sencillos*

I

Yo soy un hombre sincero
de donde crece la palma,
y antes de morirme quiero
echar mis versos del alma.

Yo vengo de todas partes,
y hacia todas partes voy:
arte soy entre las artes,
en los montes, monte soy.

Yo sé de nombres extraños
de las yerbas y las flores,
y de mortales engaños
y de sublimes dolores.

José Martí (1853–1895), Cuba. Born in a poor family, imprisoned as an adolescent for his part in an uprising, Martí spent years of exile in Spain, Mexico, Guatemala and the United States, but always returned to fight for Cuba's independence. He died on an expedition against the Spaniards in 1895, and has become a national hero. His poetry, based on his own experience and written in simple, direct language, was a reaction against the flowery romanticism of nineteenth–century poets. Among his important works are *Ismaelillo* (1882); *Versos libres* (1882); and *Versos sencillos* (1891).

from *Simple Verses*

I

I'm a man you can trust
from the palm tree's home,
and I want, till I'm dust,
to sing you my poem.

I drift to all parts,
in all parts stand still.
I am art among arts,
among hills, I am hill.

I know the strange terms
for flowers and grains,
and deceptions like worms,
and glorious pains.

Yo he visto en la noche oscura
llover sobre mi cabeza
los rayos de lumbre pura
de la divina belleza.

Alas nacer ví en los hombros
de las mujeres hermosas:
y salir de los escombros,
volando las mariposas.

He visto vivir a un hombre
con un puñal al costado,
sin decir jamás el nombre
de aquella que lo ha matado.

Rápida como un reflejo,
dos veces ví el alma, dos:
cuando murió el pobre viejo,
cuando ella me dijo adiós.

Temblé una vez—en la reja,
a la entrada de la viña—,
cuando la bárbara abeja
picó en la frente a mi niña.

Gocé una vez, de tal suerte
que gocé cual nunca: —cuando
la sentencia de mi muerte
leyó el alcaide llorando.

Oigo un suspiro, a través
de las tierras y la mar,
y no es un suspiro—es
que mi hijo va a despertar.

In the darkness of night
I've felt on my face
the pure shafts of light
of celestial grace.

How beautifully said!

I've seen women grow
wings on their shoulders
and butterflies blow
from debris and boulders.

And I've seen a man killed
by a woman's knife
who kept his lips sealed
at the cost of his life.

central idea
woman's wild temper
killed a loyal man

I saw my soul flying
two times past my eye:
when the old man was dying,
when she waved me goodbye.

The soul has
its own destination
happiness
sorrow or both

Near a vineyard I clung
shivering to the plow
when a wild hornet stung
my child on the brow.

parental love

And once I was robbed
by pure joy of my breath:
when the governor sobbed
as he ordered my death.

I hear a sigh run
through the oceans and skies:
—not a sigh, but my son
opening his eyes.

father is
enraptured by
the essence of
his son

Si dicen que del joyero
tome la joya mejor,
tomo a un amigo sincero
y pongo a un lado el amor.

Yo he visto al águila herida
volar al azul sereno,
y morir en su guarida
la víbora del veneno.

Yo sé bien que cuando el mundo
cede, lívido, al descanso,
sobre el silencio profundo
murmura el arroyo manso.

Yo he puesto la mano osada,
de horror y júbilo yerta,
sobre la estrella apagada
que cayó frente a mi puerta.

Oculto en mi pecho bravo
la pena que me lo hiere:
el hijo de un pueblo esclavo
vive por él, calla y muere.

Todo es hermoso y constante,
todo es música y razón,
y todo, como el diamante,
antes que luz es carbón.

Yo sé que el necio se entierra
con gran lujo y con gran llanto—
y que no hay fruta en la tierra
como la del camposanto.

Of the jewels in the chest,
if you ask my advice,
an honest friend's best,
for love has a price.

I've seen wounded eagles
soar high in the sky
and deep in their tunnels
deadly snakes die.

not all the time
In other translation
those who are good
& are hurt shall Triumph
those who kill shall
come to their
end

When the earth, dark with blows,
stops its noise and its rush
a gentle spring flows
above the deep hush.

In ecstasy and doubt,
I've dared to explore
a star that burned out
as it fell at my door.

one of my favorite literary
words!

I conceal my heart's ache:
the slave's son who tries
to live for man's sake
falls silent and dies.

All is lovely and staid,
harmonious and right.
The diamond was made
from coal into light.

Wreaths and mourning salute
the fool mankind buries:
there's no sweeter fruit
than the cemetery's.

All in all, Life is
sorrow & happiness at
the Same time

Callo, y entiendo, y me quito
la pompa del rimador:
cuelgo de un árbol marchito
mi muceta de doctor.

22

Estoy en el baile extraño
de polaina y casaquín
que dan, del año hacia el fin,
los cazadores del año.

Una duquesa violeta
va con un frac colorado:
marca un vizconde pintado
el tiempo en la pandereta.

Y pasan las chupas rojas,
pasan los tules de fuego,
como delante de un ciego
pasan volando las hojas.

25

Yo pienso, cuando me alegro
como un escolar sencillo,
en el canario amarillo,—
¡que tiene el ojo tan negro!

Yo quiero, cuando me muera,
sin patria, pero sin amo,
tener en mi losa un ramo
de flores,—¡y una bandera!

I fall silent, aware,
and leave the poet's smoke—
and a dead branch to wear
my professor's cloak.

22

I'm at the strange dance
that dress coats and gaiters hold,
worn at the New Year's entrance
by the hunters of the Old.

The wrap of a violet duchess
floats by in a scarlet sheen,
a painted viscount stresses
the beat on a tambourine.

And the red waistcoats swing,
and the flaming tulles twirl by,
like leaves that pass by, swirling,
before a blind man's eye.

25

Like a simple boy
in my joy, I think back
on the yellow canary
whose eye is so black!   *title of book*

When I die, far away,
an exile but free,
lay a flowering spray—
and a flag!—over me.

34

¡Penas! ¿Quién osa decir
que tengo yo penas? Luego,
después del rayo, y del fuego,
tendré tiempo de sufrir.

Yo sé de un pesar profundo
entre las penas sin nombres:
¡la esclavitud de los hombres
es la gran pena del mundo!

Hay montes, y hay que subir
los montes altos; ¡después
veremos, alma, quién es
quien te me ha puesto al morir!

36

Ya sé: de carne se puede
hacer una flor: se puede,
con el poder del cariño,
hacer un cielo,—¡y un niño!

De carne se hace también
el alacrán; y también
el gusano de la rosa,
y la lechuza espantosa.

34

Trials! Who dares to claim
I have trials! Tomorrow,
after the bolt and the flame,
I'll have time for sorrow.

Among our countless griefs
I know none stronger than
that greatest of all griefs—
the slavery of man.

My Latino people think about this as much as my black people do

There are mountains and I
must climb them! Later we'll see
whose hands on the day I die
drape you, my soul, on me!

36

I know: from flesh you can make
a flower; you can make,
with love's power,
a heaven—and a child!

Beauty more valuable than all the many in the world

The crab is made also
of flesh; and also
the worm in the rose—
and the hair-raising owl.

Dos patrias

Dos patrias tengo yo: Cuba y la noche.
¿O son una las dos? No bien retira
su majestad el Sol, con largos velos
y un clavel en la mano, silenciosa
Cuba cual viuda triste me aparece.
¡Yo sé cuál es ese clavel sangriento
que en la mano le tiembla! Está vacío
mi pecho, destrozado está y vacío
en donde estaba el corazón. Ya es hora
de empezar a morir. La noche es buena
para decir adiós. La luz estorba
y la palabra humana. El universo
habla mejor que el hombre.
                         Cual bandera
que invita a batallar, la llama roja
de la vela flamea. Las ventanas
abro, ya estrecho en mí. Muda, rompiendo
las hojas del clavel, como una nube
que enturbia el cielo, Cuba, viuda, pasa....

Two Motherlands

I have two motherlands: Cuba and night.
Or are they both one? No sooner has the sun
withdrawn in its grandeur than Cuba appears
beside me in silence, a mournful widow
who clasps a carnation in funeral robes.
I know the bloody carnation
that trembles in her hand! My breast
is now hollow, the niche that once held my heart
is empty and shattered. Now is the hour
to start dying. Night is a good time
for bidding farewell. Human words and the light
only stand in our way. The universe
speaks more clearly than man.
                              Like a banner
that calls us to battle, the flame of the candle
is burning red. My body no longer contains me,
I open the window. In silence, as she crushes
the carnation's petals, like a cloud
that darkens the sky, Cuba, the widow, passes. . . .

Manuel José Othón

Mira el paisaje

Mira el paisaje: inmensidad abajo,
inmensidad, inmensidad arriba;
en el hondo perfil, la sierra altiva
al pie minada por horrendo tajo.

Bloques gigantes que arrancó de cuajo
el terremoto, de la roca viva;
y en aquella sabana pensativa
y adusta, ni una senda, ni un atajo.

Asoladora atmósfera candente,
do se incrustan las águilas serenas,
como clavos que se hunden lentamente.

Silencio, lobreguez, pavor tremendos
que viene sólo a interrumpir apenas
el galope triunfal de los berrendos.

Manuel José Othón (1858–1906), Mexico. Othón lived a lonely life in the provinces, which is reflected in his descriptions of the landscape. His powerful late sonnets were inspired by a secret passion for a young woman. *Poemas rústicos* appeared in 1902 and *Idilio salvaje* in 1905.

Look at the View

Look at the view: immensity of space,
immensity below and overhead:
the soaring mountains in the distance bled
by the grisly chasm yawning at their base.

Gargantuan blocks uprooted by the quake
out of the breathing rock lie scattered here;
and nowhere in this brooding and austere
savanna any trace of path or brake.

Desolate, incandescent atmosphere,
where eagles glide serenely and indent
themselves like nails to slowly disappear.

An overwhelming silence, darkness, fear,
in which the only fleeting incident
is the rapturous gallop of the wild deer.

Julián del Casal

Crepuscular

Como vientre rajado sangra el ocaso,
manchando con sus chorros de sangre humeante
de la celeste bóveda el azul raso
de la mar estañada la onda espejeante.

Alzan sus moles húmedas los arrecifes
donde el chirrido agudo de las gaviotas,
mezclado a los crujidos de los esquifes,
agujerea el aire de extrañas notas.

Va la sombra extendiendo sus pabellones,
rodea el horizonte cinta de plata,
y, dejando las brumas hechas jirones,
parece cada faro flor escarlata.

Julián del Casal (1863–1893), Cuba. Considered one of the earliest Modernists, del Casal used violent expressionist imagery in many of his poems. He had a sad life. His mother died and his family lost their small sugar plantation when he was only a boy; he himself died of tuberculosis at the age of thirty. His collected poems, *Poesías completas,* were published in 1965.

Just read this biography

Twilight

Like a torn stomach the west bleeds
in jets of smoking blood that stains
the clearness of the dome and spreads
on the blanched sea's reflecting panes.

The reefs heave out their huge damp moles
where the creak and scrape of the boats
and the piercing mews of the gulls
riddle the air with their strange notes.

Slowly shadows extend their tents.
The horizon wears a silver sash,
and rising from the mist through rents—
red flowers—the lighthouses flash.

José Asunción Silva

Avant-propos

Prescriben los facultativos
cuando el estómago se estraga,
al paciente, pobre dispéptico,
  dieta sin grasas.

Le prohiben las cosas dulces,
le aconsejan la carne asada
y le hacen tomar como tónico
  gotas amargas.

¡Pobre estómago literario
que lo trivial fatiga y cansa,
no sigas leyendo poemas
  llenos de lágrimas!

José Asunción Silva (1865–1896), Colombia. The son of a rich and cultivated merchant, Silva visited France where he became influenced by the French and English decadents, and especially by the American Edgar Allan Poe. He always remained outside the Modernist movement. His life was a series of blows—his family lost all its money, his beloved sister Elvira, who inspired so many of his poems, died young, and what he considered his best work disappeared in a shipwreck. He shot himself in 1896.

Avant-Propos

When a patient groans
his stomach's upset,
the doctors tell him,
   cut down on fat.

Forbid him desserts,
recommend plain chops,
force on him tonics
   of bitter drops.

Poor stomach, stuffed on
trivia for years,
stop reading poems
   swimming in tears.

Deja las comidas que llenan,
historias, leyendas y dramas
y todas las sensiblerías
    semi-románticas.

Y para completar el régimen
que fortifica y que levanta
ensaya una dosis de estas
    gotas amargas.

Ars

El verso es vaso santo—poned en él tan sólo
    un pensamiento puro,
en cuyo fondo bullan hirvientes las imágenes
como burbujas de oro de un viejo vino oscuro.

Allí verted las flores que en la continua lucha
    ajó del mundo el frío,
recuerdos deliciosos de tiempos que no vuelven,
y nardos empapados en gotas de rocío.

Para que la existencia mísera se embalsame
    cual de una esencia ignota
quemándose en el fuego del alma enternecida.
¡De aquel supremo bálsamo basta una sola gota!

José María Eguren (1882–1942), Peru. Interested in all the arts, Eguren wrote little. His strange, haunted poetry is considered by some to anticipate Vicente Huidobro's movement of Creacionismo. A collection of Eguren's poems was published in 1929 under the title *Poesía*.

The Horse

Under pared moons
it walks around,
a horse once killed
on a battleground.

Its ghostly hoofs...
it shudders, slips,
and darkly neighs
to distant whips.

At the leaden bend
of the barricade,
with hollow eyes
it stops, afraid.

And later its slow
step retreats
through ruined squares,
desolate streets.

I love horses especially Stallions & white horses and I love Stories about magical unicorns

Anónimo

Cuatro villancicos

I

¡Qué fría es la nieve
que cayendo está;
el frío del nevado
llegó a Popayán;
al recién nacido
qué frío le dará!

Vámonos, pastores,
marchémenos ya,
que la Virgen Madre
nos esperará,
y a su Hijo Divino
ver nos dejará.

These four Christmas carols, the first from Colombia, the second from Venezuela, the third from Peru and the last from Ecuador, are very different from the more formal carols of English tradition. Fresher, more tender and intimate, they make one feel that the Christ child is a baby born in a neighbor's house, just down the road.

Four Christmas Carols

I

How cold the snow
comes down, comes down.
The mountains' snow
came to Popayán.[1]
How cold it'll make
the newborn one.

Shepherds, come,
it's time to be gone.
The Virgin Mother
expects us soon.
She wants to show us
her Holy Son.

---

[1] The capital of Cauca province in Colombia.

Con dulces y flores
las ñapangas van
a ver al Dios Niño
que para reinar
en el mundo todo
nació en Popayán.

De toda la tierra
hoy aquí vendrán
gentes que ante el Niño
se arrodillarán.
Si a Dios busca el mundo,
vengan a Popayán.

2

Nacieron las rosas
y las azucenas;
nació el Niño Dios,
¡qué cosa tan buena!

Del cielo ha bajado
el Niño Jesús
y viene abrazado
al leño de la Cruz.

¡Ajajá, mi Niño,
ajajá, mi flor!
¡Traes a los pobres
la gracia de Dios!

Niño de los Cielos,
frente de marfil:
tus labios parecen
la rosa de abril.

With sweets and flowers,
village girls run
to see the child
born in Popayán
who'll reign on earth
over everyone.

From all over earth
men come to town
to kneel and pray
to the newborn son.
If you want the Lord,
he's in Popayán.

2

Roses and lilies
appeared on earth
and the Christ Child, too.
Praised be his birth!

The Christ Child has come
down from the sky,
hugging the cross
on which He'll die.

Oh-ho-ho, my child!
Oh-ho-ho, my flower!
You bring God's grace
to cheer the poor!

Child of the sky,
brow white as snows,
your lips are like
the April rose.

¡Suenen los furrucos!
¡Suenen las maracas!
¡Que al Niño le traigo
ciruelas y hallacas!

¡Oh, Niño, tan blanco
cual blanca azucena!
¡Te cantemos todos
por ser Noche Buena!

El Niño Jesús
viene por la loma
con su redecilla
cazando palomas.

¡Ay, chiquirritico!
¡Se muere de frío!
¡Una cobijita
pal recién nacido!

3

Mi cholito está llorando
con un llanto muy sentido
porque el Niñito Jesús
en el Perú no ha nacido.

Sound the furrucos,[1]
maracas[2] and drums,
I'm bringing the child
wheat paste and plums.

Oh little boy,
so small and white,
it's Christmas Eve
as we sing tonight.

The Christ Child's coming
over the ridge,
He's netting doves
to put in his cage.

Oh little baby,
shivering with cold!
A wrap for the
newborn child I hold!

3

My little boy's sobbing,
sad that it's true
the Christ Child wasn't
born in Peru.

---

[1] A hollow cylinder, one end covered by a tightly stretched skin pierced by a stick. The stick is moved up and down to produce a kind of booming noise.
[2] Maracas are dried gourds filled with pebbles, and are rattled to the beat of the music.

Carpintea muy contento,
carpintea San José,
porque está haciendo la cuna
pal Niño que va a nacer.

Cholito toca y retoca
toca el tambor y la quena.
Dame un trago más de pisco,
que esta noche es Noche Buena.

4

Ya viene el Niñito
jugando entre flores,
y los pajaritos
le cantan amores.

Ya le despertaron
los pobres pastores
y le van llevando
pajitas y flores.

La paja está fría,
la cama está dura,
la Virgen María
llora con ternura.

Ya no más se caen
todas las estrellas
a los pies del Niño
más blanco que ellas.

St. Joseph is happy,
hammering away
on a crib for the child
who'll be born today.

The little boy plays
the flute and the drum.
A sip more of pisco—[1]
Christmas Eve's come!

4

Among the flowers,
the little child plays.
Birds sing as he comes
in love and praise.

Poor shepherds wake him,
they take the boy
armfuls of flowers,
flowers and straw.

Hard bed, cold straw,
the Virgin weeps
tenderly as
her baby sleeps.

A shower of stars
out of the night
falls at his feet,
which are far more white.

---

[1] A strong anisette made in Pisco, Peru, by the Indians.

El gallo en lo alto
ya se ha despertado;
la Virgen se asusta,
y el Niño ha llorado.

Yo te voy a hacer
una casa y techo.
Huye de Belén
y vente a mi pecho.

Niñito bonito,
manojo de flores,
llora pobrecito
por los pecadores.

The rooster crows
it's time to rise.
The Virgin is startled,
her little one cries.

I'll build you a house
with a roof for storms.
Flee from Bethlehem,
come to my arms!

Pretty little boy,
handful of flowers,
weep, little one,
for us wrongdoers!

Ramón López Velarde

Mi prima Agueda

A JESÚS VILLALPANDO

Mi madrina invitaba a mi prima Agueda
a que pasara el día con nosotros,
y mi prima llegaba
con un contradictorio
prestigio de almidón y de temible
luto ceremonioso.

Ramón López Velarde (1888–1921), Mexico. Admitted to the bar, López Velarde later taught as a professor of literature. He was the first spokesman for the mixed cultural and racial heritage of Mexico, and is regarded by contemporary poets as their forerunner. His works include *La sangre devota* (1916); *Zozobra* (1919); and *El minutero* (1923).

My Cousin Agatha

TO JESÚS VILLALPANDO

My godmother used to ask my cousin Agatha
to spend the day with us,
and my cousin used to arrive
wrapped in a contradictory magic
of starch and odious ritual
mourning.

Agueda aparecía, resonante
de almidón, y sus ojos
verdes y sus mejillas rubicundas
me protegían contra el pavoroso
luto....
        Yo era rapaz
y conocía la O por lo redondo,
y Agueda que tejía
mansa y perseverante en el sonoro
corredor, me causaba
calofríos ignotos....

(Creo que hasta la debo la costumbre
heroicamente insana de hablar solo.)

A la hora de comer, en la penumbra
quieta del refectorio,
me iba embelesando un quebradizo
sonar intermitente de vajilla
y el timbre caricioso
de la voz de mi prima.
             Agueda era
(luto, pupilas verdes y mejillas
rubicundas) un cesto policromo
de manzanas y uvas
en el ébano de un armario añoso.

Agatha entered, rustling
starch, and her green eyes
and warm red cheeks
protected me from the dreadful
black. . . .
    I was only a child
who knew the O by its roundness,
and Agatha, who knitted
mildly, persistently, in the echoing corridor,
sent little unknown shivers
up my spine.

(I think I owe her, too, my crazy
but heroic habit of talking alone.)

At dinner, in the restful twilight
of the dining room,
I was slowly bewitched by the brittle
intermittent ring of plates,
and the lilt that was like a caress
in my cousin's voice.
    Agatha was
(rosy cheeks, green eyes, black mourning)
a polychrome basket of colors,
crammed with apples and grapes,
on the ebony of an old cupboard.

Gabriela Mistral

Canción del maizal

I

El maizal canta en el viento
verde, verde de esperanza.
Ha crecido en treinta días:
su rumor es alabanza.

Llega, llega al horizonte,
sobre la mesa afable,
y en el viento ríe entero
con su risa innumerable.

read this

Gabriela Mistral (1889–1957), Chile. Gabriela Mistral's real name was Lucila Godoy Alcayaga, and she was born in the Elqui Valley of her poem "Todas íbamos a ser reinas." An educator, poet and diplomat, in 1945 she became the first Latin American to win the Nobel Prize. Her personal life was unhappy, embittered by the suicide of the man she loved and by the fact that she never had children. Among her best books of poetry are *Desolación* (1922); *Ternura* (1924); *Tala* (1938); and *Lagar* (1954).

I hope I never have a tragedy such as this

The Song of the Corn

I

Green, green with hope,
grown tall in thirty days,
the corn sings in the wind.
Its murmur is its praise.

good poem

It grows to the horizon,
over the good flat land,
and laughs from countless mouths
openly at the wind.

2

El maizal gime en el viento
para trojes ya maduro;
se quemaron sus cabellos
y se abrió su estuche duro.

Y su pobre manto seco
se le llena de gemidos:
el maizal gime en el viento
con su manto desceñido.

3

Las mazorcas del maíz
a niñitas se parecen:
diez semanas en los tallos
bien prendidas que se mecen.

Tienen un vellito de oro
como de recién nacido
y unas hojas maternales
que les celan el rocío.

Y debajo de la vaina,
como niños escondidos,
con sus dos mil dientes de oro
ríen, ríen sin sentido....

Las mazorcas del maíz
a niñitas se parecen:
en las cañas maternales
bien prendidas que se mecen.

2

The corn groans in the wind,
its ears ripe to be picked.
Its hair is burnt by sun,
its bony husks have cracked.

And its poor dried-out coat
is bursting from its moan.
The corn sings in the wind,
its buttons all undone.

3

They're just like little girls,
the cornplants with their spikes,
cradled seventy days,
well rooted on their stalks.

They bud with a gold fuzz
as newborn babies do,
swaddled in mother leaves,
nursed by the morning dew.

And hiding in the husks,
like children in their play,
two thousand teeth of gold
laugh senselessly away.

They're just like little girls,
the cornplants with their spikes,
snugly held and cradled
on maternal stalks.

[handwritten annotations: "motherly sort of passage in this poem the child in all of us never goes away" and "See motherly like I said Earl!"]

El descansa en cada troje
con silencio de dormido;
va soñando, va soñando
un maizal recién nacido.

La medianoche

Fina, la medianoche.
Oigo los nudos del rosal:
la savia empuja subiendo a la rosa.

Oigo
las rayas quemadas del tigre
real: no le dejan dormir.

Oigo
la estrofa de uno,
y le crece en la noche
como la duna.

Oigo
a mi madre dormida
con dos alientos.
(Duermo yo en ella
de cinco años.)

Oigo el Ródano
que baja y que me lleva como un padre,
ciego de espuma ciega.

Silent, as if sleeping,
He rests in every barn.
And he is dreaming, dreaming,
of newborn fields of corn.

The end of this one

Midnight

Midnight is pure.
I hear the nodes in the rosebush;
the thrust of the sap rise in the rose.

I hear
the scorched streaks of the royal
tiger: they will not let him sleep.

I hear
the stanza of one,
and it grows in the night
like a dune.

I hear
my mother asleep
with two breaths
(from the age of five, I sleep
inside her).

I hear the Rhone
rush down and carry me off like a father,
blind with foam.

Y después nada oigo
sino que voy cayendo
en los muros de Arlés
llenos de sol. . . .

Todas íbamos a ser reinas

Todas íbamos a ser reinas
de cuatro reinos sobre el mar:
Rosalía con Efigenia
y Lucila con Soledad.

En el Valle de Elqui, ceñido
de cien montañas o de más,
que como ofrendas o tributos
arden en rojo y azafrán.

Lo decíamos embriagadas,
y lo tuvimos por verdad,
que seríamos todas reinas
y llegaríamos al mar.

Con las trenzas de los siete años,
y batas claras de percal,
persiguiendo tordos huidos
en la sombra del higueral.

And then I hear nothing
as I fall
on the ramparts of Arles[1]
flooded with sunlight. . . .

We Were Going to Be Queens

We were going to be queens
of four countries on the sea:
Lucille and Iphigenia,
Soledad and Rosalie.

In the Elqui Valley, ringed
by a hundred mountains or more,
like tributes that rose in flames
of red and saffron, we swore—

drunk on the joy of our dreams
and certain they'd come to be—
we were going to wear crowns
and rule as far as the sea.

With the braids of seven years
and percale aprons, we played
chasing the thrushes that flew
to hide in the fig tree's shade,

---

[1] A French city on the Rhone with important Roman ruins.

De los cuatro reinos, decíamos,
indudables como el Corán,
que por grandes y por cabales
alcanzarían hasta el mar.

Cuatro esposos desposarían
por el tiempo de desposar
y eran reyes y cantadores
como David, rey de Judá.

Y de ser grandes nuestros reinos
ellos tendrían, sin faltar,
mares verdes, mares de algas,
y el ave loca del faisán.

Y de tener todos los frutos
árbol de leche, árbol del pan,
el guayacán no cortaríamos
ni morderíamos metal.

Todas íbamos a ser reinas
y de verídico reinar;
pero ninguna ha sido reina
ni en Arauco ni en Copán....

Rosalía besó marinero
ya desposado con el mar,
y al besador, en las Guaitecas,
se lo comió la tempestad.

and these four kingdoms, we cried,
small Korans of certainty,
would be so perfect and vast
their borders would touch the sea.

We would marry four husbands
when it came time to choose,
and they would be singing kings,
like David, the king of Jews.

And our realms would be so huge
they'd hold everything we'd heard,
green seas and seas of seaweed
and the pheasant, that crazy bird.

And we would grow every fruit
and trees that bore milk and bread.
We'd never cut guayacáns[1]
nor would our teeth bite on lead.

We were going to be queens
and really wear a crown
But in Copán and Arauco[2]
we laid our scepters down....

Rosalie kissed a sailor
who'd already wed the waves
and a tempest off Guaitecas[3]
washed him into his grave.

---

[1] A lignum vitae, a tropical evergreen.
[2] A city and province in southern Chile.
[3] A cluster of islands, between Chiloé and the islands of Chonos, in southern Chile.

Soledad crió siete hermanos
y su sangre dejó en su pan,
y sus ojos quedaron negros
de no haber visto nunca el mar.

En las viñas de Montegrande,
con su puro seno candeal,
mece los hijos de otras reinas
y los suyos nunca jamás.

Efigenia cruzó extranjero
en las rutas, y sin hablar,
le siguió, sin saberle nombre,
porque el hombre parece el mar.

Y Lucila, que hablaba a río,
a montaña y cañaveral,
en las lunas de la locura
recibió reino de verdad.

En las nubes contó diez hijos
y en los salares su reinar,
en los ríos ha visto esposos
y su manto en la tempestad.

Pero en el Valle de Elqui, donde
son cien montañas o más,
cantan las otras que vinieron
y las que vienen cantarán:

"En la tierra seremos reinas,
y de verídico reinar
y siendo grandes nuestros reinos,
llegaremos todas al mar."

Soledad baked with her blood,
she nursed seven boys who died,
and her eyes stayed always black
from never seeing the tide.

In the Montegrande vineyards
on a breast as white as flour,
she cradles other queens' sons
and her own sons nevermore.

While Iphigenia met
a man she trailed silently,
though never learning his name,
for a man is like the sea.

Lucille, who spoke to the river,
to the mountain and the field,
in the mirror moons of madness
saw her realm of truth revealed.

She counted ten sons in clouds,
saw consorts in waterfalls,
in the salt pits saw her realms
and her cape in gusts and squalls.

And still in the Elqui Valley,
where mountains ring the plain,
the girls who followed, the girls
to come, sing the same refrain:

"On earth we will all be queens
and rule in majesty,
and our realms will be so vast
we will someday reach the sea."

Alfonso Reyes

Sol de Monterrey

No cabe duda: de niño,
a mí me seguía el sol.
Andaba detrás de mí
como perrito faldero;
       despeinado y dulce,
       claro y amarillo;
       ese sol con sueño
       que sigue a los niños.

Alfonso Reyes (1889–1959), Mexico. Reyes led an exceptionally full life. He published over a hundred volumes of prose, many poems, edited various anthologies, served as a diplomat and was a respected teacher. A collection of his poetry was published with the title *Obra poética* in 1952.

Monterrey Sun

No shadow of doubt; the sun
dogged me when I was a boy,
and pattered at my heels,
a toy dog trailing me;
        disheveled and soft,
        shining and golden,
        the sun that drowsily
        dogs small children.

Saltaba de patio en patio,
se revolcaba en mi alcoba.
Aun creo que algunas veces
lo espantaban con la escoba.
Y a la mañana siguiente
ya estaba otra vez conmigo;
      despeinado y dulce,
      claro y amarillo;
      ese sol con sueño
      que sigue a los niños.

           (El fuego de Mayo
           me armó caballero:
           yo era el Niño Andante,
           y el sol, mi escudero.)

Todo el cielo era de añil;
toda la casa, de oro.
¡Cuánto sol se me metía
por los ojos!
Mar adentro de la frente,
a donde quiera que voy,
aunque haya nubes cerradas,
¡oh cuánto me pesa el sol!
¡Oh cuánto me duele, adentro,
esa cisterna de sol
que viaja conmigo!

It frisked in all the courtyards,
basking in my bedroom.
At times it seemed to me
they shooed it with a broom.
But on the following day,
it was treading on my heels;
      disheveled and soft,
      shining and golden,
      the sun that drowsily
      dogs small children.

           (I was dubbed a knight
           by the May fire.
           I was dubbed Boy-Errant,
           the sun became my squire.)

All the sky was indigo,
all the house was gold.
Oh how much sunlight filtered in
the lake between my eyes!
Sea inside my forehead,
wherever I may go,
if clouds are low, oh how much sun
weighs down on me like lead!
Oh how this pool of sun,
my traveling companion,
keeps wounding me inside!

Yo no conocí en mi infancia
sombra, sino resolana.—
Cada ventana era sol,
cada cuarto era ventanas.
Los corredores tendían
arcos de luz por la casa.
En los árboles ardían
las ascuas de las naranjas,
y la huerta en lumbre viva
se doraba.
Los pavos reales eran
parientes del sol. La garza
empezaba a llamear
a cada paso que daba.

Y a mí el sol me desvestía
para pegarse conmigo,
                despeinado y dulce,
                claro y amarillo,
                ese sol con sueño
                que sigue a los niños.

Cuando salí de mi casa
con mi bastón y mi hato,
le dije a mi corazón:
—¡Ya llevas sol para rato!—
Es tesoro— y no se acaba:
no se me acaba— y lo gasto.
Traigo tanto sol adentro
que ya tanto sol me cansa.—
Yo no conocí en mi infancia
sombra, sino resolana.

As a child, I only
knew sunroom, I never knew shadow.
Each window was sun,
each room was windows.
In the house, the hallways
hung arches of sun.
The oranges burned
red coals on the boughs.
The orchard turned golden
with living sparks.
The peacocks were cousins
to the sun. And the heron
burst into tongues of flame
with each step it took.

The sun stripped off my clothes
to stick closer to my body;
         disheveled and soft,
         shining and golden,
         the sun that sleepily
         dogs small children.

When I went from my home
with my pack on my back,
I said to my heart,
"You've enough sun to last!
It's gold ... and it doesn't run out!"
And I never exhaust it, whatever I spend!
But I start to grow tired
from the sun in my head. ...
In my childhood, I never
knew shadow, only sunroom.

[handwritten annotations:]

Every thing was bright & cheerful never bleak

The sun was always a companion

Poems are just words from someone's heart Earl!

Mariano Brull

Verdehalago

Por el verde, verde
verdería de verde mar
Rr con Rr.

Viernes, vírgula, virgen
enano verde
verdularia cantárida
Rr con Rr.

Verdor y verdín
verdumbre y verdura
verde, doble verde
de col y lechuga.

Mariano Brull (1891–1956), Cuba. Brull experimented with the sensory qualities of language, influenced by the French poets Mallarmé and Valéry, whom he translated. In "Greencaress" he plays with the sound of Spanish *r* and the double *rr,* which is rolled. His books include *Poemas en menguante* (1928); *Canto redondo* (1934); *Solo de rosa* (1941); and *Rien que . . . (nada más que . . .)* (1954).

Greencaress

Over the green, green
greenness of seagreen sea
R rolled in R.

Friday, fresh rod, raw youth,
green dwarf.
Glassgreen blister beetle
R rolled in R.

Greenery and greenmold,
shadowgreen and greenness.
Green double greenth
of cabbages and lettuces.

Rr con Rr
en mi verde limón
pájara verde.

Por el verde, verde
verdehalago húmedo
extiéndome. —Extiéndete.

Vengo de Mundodolido
y en Verdehalago me estoy.

R rolled in R
in my green lemon grove,
little green henbird.

On a green, on a green
on a damp greencaress
I unfold. —Unfurl.

I come from Grievingworld
into Greencaress.

César Vallejo

Los nueve monstruos

Y, desgraciadamente,
el dolor crece en el mundo a cada rato,
crece a treinta minutos por segundo, paso a paso,
y la naturaleza del dolor, es el dolor dos veces
y la condición del martirio, carnívoro, voraz,
es el dolor, dos veces
y la función de la yerba purísima, el dolor
dos veces
y el bien de ser, dolernos doblemente.

César Vallejo (1892–1938), Peru. Half Indian, half Spanish, Vallejo was born in a poor and large family. While still young, he was accused of taking part in a popular uprising and was thrown into jail, an experience that left its mark on his poetry. In 1923, he moved permanently to Paris, where he lived in terrible poverty. Believing that there were better ways to reach the people, Vallejo, who became a Communist, turned to politics and published no poetry after *Los heraldos negros* (1918) and *Trilce* (1922). *España, aparte de mí este cáliz,* a volume of poems on the Spanish Civil War, which affected him profoundly, and his great collection, *Poemas humanos,* were not published until after his death.

The Nine Monsters

And unfortunately,
pain grows on earth around the clock,
it grows at thirty minutes a second, tick by tock,
and pain's nature is double pain,
and the quality of torment, butcherous, starved,
is double pain, and the function of purest grass
is double pain,
and the good of being is to pain us double.

¡Jamás, hombres humanos,
hubo tanto dolor en el pecho, en la solapa, en la cartera,
en el vaso, en la carnicería, en la arithmética!
¡Jamás tanto cariño doloroso,
jamás tan cerca arremetió lo lejos,
jamás el fuego nunca
jugó mejor su rol de frío muerto!
¡Jamás, señor ministro de salud, fué la salud
más mortal
y la migraña extrajo tánta frente de la frente!
Y el mueble tuvo en su cajón, dolor,
el corazón, en su cajón, dolor,
la lagartija, en su cajón, dolor.

¡Crece la desdicha, hermanos hombres,
más pronto que la máquina, a diez máquinas, y crece
con la res de Rousseau, con nuestras barbas;
crece el mal por razones que ignoramos
y es una inundación con propios líquidos,
con propio barro y propia nube sólida!
Invierte el sufrimiento posiciones, da función
en que el humor acuoso es vertical
al pavimiento,
el ojo es visto y esta oreja oída,
y esta oreja da nueve campanadas a la hora
del rayo, y nueve carcajadas
a la hora del trigo, y nueve sones hembras
a la hora del llanto, y nueve cánticos
a la hora del hambre, y nueve truenos
y nueve látigos, menos un grito.

Human men,
never has so much pain been stuffed into chest, lapel,
butchershop, billfold, arithmetic, glass!
Never such painful affection,
never has distance attacked so close,
nor fire played better
its dead cold role!
Never, Mr. Minister of Health, was health
more fatal!
And the migraine extracted such forehead from forehead!
And the furniture kept in its locker, pain,
the heart in its locker, pain,
the newt in its locker, pain.

Brother men, misery fattens
faster than any machine, to ten machines
with the herd of Rousseau[1] and the hairs of our beards;
for reasons we still don't know, evil spreads
and causes a flood with its own fluids,
its own mud and solid cloud!
Suffering reverses position, acts
so watery mood is vertical
to the pavement.
The eye is seen, this ear is heard,
this ear at the lightning hour
tolls nine bells, at the harvest hour
nine hearty laughs, at the wailing hour
nine female weeps, at the starving hour
nine canticles, nine thunderclaps
and nine lashes, less a scream.

---

[1] Jean Jacques Rousseau (1712–1778), a French philosopher and writer who believed that civilization corrupted mankind and that only the "noble savage" was innocent and happy.

El dolor nos agarra, hermanos hombres,
por detrás, de perfil,
y nos aloca en los cinemas,
nos clava en los gramófonos,
nos desclava en los lechos, cae perpendicularmente
a nuestros boletos, a nuestras cartas;
y es muy grave sufrir, puede uno orar. . . .
Pues de resultas
del dolor, hay algunos
que nacen, otros crecen, otros mueren,
y otros que nacen y no mueren y otros
que sin haber nacido, mueren, y otros
que no nacen ni mueren (son los más).
¡Y también de resultas
del sufrimiento, estoy triste
hasta la cabeza, y más triste hasta el tobillo
de ver al pan, crucificado, al nabo
ensangrentado,
llorando, a la cebolla,
al cereal, en general, harina,
a la sal, hecha polvo, al agua, huyendo,
al vino, un ecce-homo,
tan pálida a la nieve, al sol tan ardido!

¡Cómo, hermanos humanos,
no deciros que ya no puedo y
ya no puedo con tánto cajón,
tánto minuto, tánta
lagartija y tánta
inversión, tánto lejos y tánta sed de sed!
Señor Ministro de Salud: ¿qué hacer?
¡Ah! desgraciadamente, hombres humanos,
hay, hermanos, muchísimo que hacer.

Pain grabs us, brother men,
it grips us in profile behind our backs,
and drives us crazy in films,
hammers us into phonographs,
pries us loose from our beds and falls perpendicular
to our letters and tags.
And to suffer is hell, we can pray....
And because
of pain, some men
are born, others grow, others die,
others are born but do not die, others die
but are never born, and others
are neither born nor die (the greater number)
And also because
of pain, I'm sad
to my head, more sad to my ankle
from seeing crucified bread, the radish
stained from its blood,
the onion bawling,
and grain in general, flour,
salt crushed and water running,
the crown of thorns in wine,
the snow so pale, the sun so flushed!

Human brothers, how
to avoid crying out I can't bear anymore!
I can't bear anymore with so much drawer
so much minute, so much newt,
so much inversion,
so much distance and thirst for thirst!
What can we do, Mr. Minister of Health?
Oh unfortunately, human men,
there's so much, brothers, so much to do.

Considerando en frío

Considerando en frío, imparcialmente,
que el hombre es triste, tose y, sin embargo,
se complace en su pecho colorido;
que lo único que hace es componerse
de días;
que es lóbrego mamífero y se peina . . .

Considerando
que el hombre procede suavemente del trabajo
y repercute jefe, suena subordinado;
que el diagrama del tiempo
es constante diorama en sus medallas
y, a medio abrir, sus ojos estudiaron,
desde lejanos tiempos,
su fórmula famélica de masa . . .

Comprendiendo sin esfuerzo
que el hombre se queda, a veces pensando,
como queriendo llorar,
y, sujeto a tenderse como objeto,
se hace buen carpintero, suda, mata
y luego canta, almuerza, se abotona . . .

Considerando también
que el hombre es en verdad un animal
y, no obstante, al voltear, me da con su tristeza en la cabeza . . .

Examinando, en fin,
sus encontradas piezas, su retrete,
su desesperación, al terminar su día atroz, borrándolo . . .

Considering Coldly

Considering coldly, dispassionately,
that man is desolate, coughs and still
puffs out his ruddy chest,
that all he does is decorate himself
in days,
that he's a mournful mammal and he combs himself...

Considering
that man emerges docile from his work,
echoing employer, sounding employee,
that the diagram of time is a lighted shadowbox
forever flickering on his medals,
and his half-shut eyes for centuries
have memorized
his ravenous mass recipe...

Understanding easily
that man, thinking at times, stops short
as if he longed to sob,
and subject to lying down as object,
becomes a skilled carpenter, sweats, kills,
later sings, lunches, buttons up...

Considering, as well,
that man is certainly an animal,
but in tumbling hits me with his anguish on the head...

Inspecting finally
his hostile furniture, his toilet,
and his desperation, at the close of his atrocious day,
                              which he erases...

Comprendiendo
que él sabe que le quiero,
que le odio con afecto y me es, en suma, indiferente...

Considerando sus documentos generales
y mirando con lentes aquel certificado
que prueba que nació muy pequeñito...

le hago una seña,
viene,
y le doy un abrazo, emocionado.
¡Qué más da! Emocionado... Emocionado...

Va corriendo, andando, huyendo

Va corriendo, andando, huyendo
de sus pies...
Va con dos nubes en su nube,
sentado apócrifo, en la mano insertos
sus tristes paras, sus entonces fúnebres.

Corre de todo, andando
entre protestas incoloras: huye
subiendo, huye
bajando, huye
a paso de sotana, huye
alzando al mal en brazos,
huye
directamente a sollozar a solas.

Understanding
that man knows I love him,
that I loathe him with affection and in short don't give a damn ...

Considering his common documents,
studying through spectacles the certificate
which proves that he was very very small when he was born ...

I beckon him,
he comes,
I fling my arms around him, moved.
What the hell! I'm touched ... touched ...

He Goes Running, Walking, Fleeing

He goes running, walking, fleeing
his feet ...
He goes with two clouds on his cloud,
and falsely seated, holds in his hand
his sad for's, his funereal then's.

He runs from it all, passing
through colorless protests, flees
going up, flees
going down, flees
at the pace of a flogging, flees
as he hugs his evil close,
flees
in a beeline to sob by himself.

*Earl never as
long as you
live run from
yourself as those
you love your
family now & the
one in the future.*

Adonde vaya,
lejos de sus fragosos, cáusticos talones,
lejos del aire, lejos de su viaje,
a fin de huir, huir y huir y huir
de sus pies—hombre en dos pies, parado
de tánto huir—habrá sed de correr.

¡Y ni el árbol, si endosa hierro de oro!
¡Y ni el hierro, si cubre su hojarasca!
Nada, sino sus pies,
nada sino su breve calofrío,
sus paras vivos, sus entonces vivos...

De puro calor tengo frío

¡De puro calor tengo frío,
hermana Envidia!
Lamen mi sombra leones
y el ratón me muerde el nombre,
¡madre alma mía!

¡Al borde del fondo voy,
cuñado Vicio!
La oruga tañe su voz,
y la voz tañe su oruga,
¡padre cuerpo mío!

Wherever he goes,
away from his calloused, burning heels,
away from the air, out of his way,
in order to flee, to flee and flee and flee
his feet, two-legged man—arrested
by so much flight—will thirst to run.

Not the tree, if it calls its iron gold!
Not iron, if it hides its faded leaves!
Nothing: only his feet.
Nothing except his short-lived chill,
living for's, living then's. . . .

I'm Frozen from Heat

I'm frozen from heat,
sister Envy!
My shadow is mouthed by lions,
the mouse chews on my name,
mother my soul!

I reach the edge of the pit,
brother-in-law Vice!
The larva strums on its voice,
the voice strums on its larva,
father my flesh!

¡Está de frente mi amor,
nieta Paloma!
De rodillas, mi terror
y de cabeza, mi angustia,
¡madre alma mía!

Hasta que un día sin dos,
esposa Tumba,
mi último hierro dé el son
de una víbora que duerme,
¡padre cuerpo mío...!

Los desgraciados

Ya va a venir el día; da
cuerda a tu brazo, búscate debajo
del colchón, vuelve a pararte
en tu cabeza, para andar derecho.
Ya va a venir el día, ponte el saco.

Ya va a venir el día; ten
fuerte en la mano a tu intestino grande, reflexiona,
antes de meditar, pues es horrible
cuando le cae a uno la desgracia
y se le cae a uno a fondo el diente.

My love is facing me,
granddaughter Dove!
My terror drops to its knees,
my pain stands on its head,
mother my soul!

Till a day without two,
Coffin wife,
when my last arrow sings
like a sleeping snake,
father my flesh! ...

The Wretched

The day is going to come: wind up
the spring in your arm, find yourself
under the mattress, stand on your head
again to walk erect.
The day is going to come, put on your coat.

The day is going to come: hold tight
to your large intestine, and reflect
before you stop to think, because it's horrible
when your misery bites, and your tooth
sinks to your guts.

Necesitas comer, pero, me digo
no tengas pena, que no es de pobres
la pena, el sollozar junto a su tumba;
remiéndate, recuerda,
confía en tu hilo blanco, fuma, pasa lista
a tu cadena y guárdala detrás de tu retrato.
Ya va a venir el día, ponte el alma.

Ya va a venir el día; pasan,
han abierto en el hotel un ojo,
azotándolo, dándole con un espejo tuyo…
¿tiemblas? Es el estado remoto de la frente
y la nación reciente del estómago.
Roncan aún… ¡Qué universo se lleva este ronquido!
¡Cómo quedan tus poros, enjuiciándolo!
¡Con cuántos doses, ¡ay! estás tan solo!
Ya va a venir el día, ponte el sueño.

Ya va a venir el día, repito
por el órgano oral de tu silencio
y urge tomar la izquierda con el hambre
y tomar la derecha con la sed; de todos modos,
abstente de ser pobre con los ricos,
atiza
tu frío, porque en él se integra mi calor, amada víctima.
Ya va a venir el día, ponte el cuerpo.

You must eat, but I tell myself,
don't grieve: mourning and tears at the graveside
are not for the poor.
Patch yourself up, remember,
trust your white cord and smoke, examine
your chain, protect it behind your likeness.
The day is going to come, put on your coat.

The day is going to come: they go by,
they've opened a spyhole in the hotel,
lashing and thrashing it with your mirror.
Your hairs are on end? It's the forehead's distant state
and the stomach's recent republic.
Snoring still. . . . What world rides on that wheeze!
So many two's, oh! and you're so alone!
The day is going to come, put on your sleep.

The day is going to come, I repeat,
through your oral organ of silence,
and force you left from hunger,
urge you right from thirst. At any rate,
stop being poor among the rich,
stir up
your cold, because, dear victim, it holds my heat.
The day is going to come, put on your flesh.

Ya va a venir el día;
la mañana, la mar, el meteoro, van
en pos de tu cansancio, con banderas,
y, por tu orgullo clásico, las hienas
cuentan sus pasos al compás del asno,
la panadera piensa en ti,
el carnicero piensa en ti, palpando
el hacha en que están presos
el acero y el hierro y el metal; jamás olvides
que durante la misa no hay amigos.
Ya va a venir el día, ponte el sol.

Ya viene el día; dobla
el aliento, triplica
tu bondad rencorosa
y da codos al miedo, nexo y énfasis,
pues tú, como se observa en tu entrepierna y siendo
el malo, ¡ay! inmortal,
has soñado esta noche que vivías
de nada y morías de todo....

Traspié entre dos estrellas

¡Hay gentes tan desgraciadas, que ni siquiera
tienen cuerpo; cuantitativo el pelo,
baja, en pulgadas, la genial pesadumbre;
el modo, arriba;
no me busques la muela del olvido,
parecen salir del aire, sumar suspiros mentalmente, oír
claros azotes en sus paladares!

The day is going to come:
the morning, the sea, the meteor
hunt your exhaustion down with flags,
and through your classic pride, hyenas
time their dance to a donkey's rhythm.
The baker thinks of you,
the butcher thinks of you, fingering
the blade that imprisons
iron latten steel. But don't forget
that no one has a friend at mass.
The day is going to come, put on your sun.

The day has nearly dawned, double
your breath, triple
your spiteful goodness,
elbow the terror, the cord, the emphasis out of your path,
because you, as you know from your groin,
and as evil is oh! immortal, dreamed tonight
you were living on nothing
and dying of everything....

Stumbling Between Two Stars

There are men so unlucky they even
lack bodies: their measurable hair
lowers by inches their genial sorrow,
their manner is upright.
Don't hunt me oblivion's millstone.
They seem to come out of the air, mentally add up sighs,
hearing clear whips crack on their palates.

Vanse de su piel, rascándose el sarcófago en que nacen
y suben por su muerte de hora en hora
y caen, a lo largo de su alfabeto gélido, hasta el suelo.

¡Ay de tanto! ¡ay de tan poco! ¡ay de ellas!
¡Ay en mi cuarto, oyéndolas con lentes!
¡Ay en mi tórax, cuando compran trajes!
¡Ay de mi mugre blanca, en su hez mancomunada!

¡Amadas sean las orejas sánchez,
amadas las personas que se sientan,
amado el desconocido y su señora,
el prójimo con mangas, cuello y ojos!

¡Amado sea aquel que tiene chinches,
el que lleva zapato roto bajo la lluvia,
el que vela el cadáver de un pan con dos cerillas,
el que se coge un dedo en una puerta,
el que no tiene cumpleaños,
el que perdió su sombra en un incendio,
el animal, el que parece un loro,
el que parece un hombre, el pobre rico,
el puro miserable, el pobre pobre!

¡Amado sea
el que tiene hambre o sed, pero no tiene
hambre con qué saciar toda su sed,
ni sed con qué saciar todas sus hambres!

They scratch at their birth tomb, shed their skins,
climb up their death, hour over hour,
and hurtle the length of their icy alphabet back to the soil.

Alas for so much! Alas for so little! Alas for them all!
Alas in my room listening through glasses!
Alas in my chest when they pay for their clothes!
Alas for my lily-white dirt mixed with their scum!

[handwritten: goodness dirtied up]

Beloved be Everyman's ears,
beloved be men who sit down,
the stranger and his wife,
the neighbor with eyes, collar and shirtsleeves!

Beloved be the man who has bedbugs,
who walks through the rain in shoes that leak,
who holds a wake for a breadloaf with two matches,
who pinches his finger in a door,
who lacks a birthday,
who charred his shadow in a fire,
who looks like a beast, who looks like a parrot,
who looks like a man, the poor rich man,
the pure wretch, the poor pauper!

Beloved be
the man who is hungry or thirsty
but doesn't have hunger to slake his thirst
nor thirst to satisfy all his hungers!

[handwritten: important line!]

¡Amado sea el que trabaja al día, al mes, a la hora,
el que suda de pena o de vergüenza,
aquel que va, por orden de sus manos, al cinema,
el que paga con lo que le falta,
el que duerme de espaldas,
el que ya no recuerda su niñez; amado sea
el calvo sin sombrero,
el justo sin espinas,
el ladrón sin rosas,
el que lleva reloj y ha visto a Dios,
el que tiene un honor y no fallece!

¡Amado sea el niño, que cae y aún llora
y el hombre que ha caído y ya no llora!

¡Ay de tanto! ¡Ay de tan poco! ¡Ay de ellos!

Un hombre pasa

Un hombre pasa con un pan al hombro.
¿Voy a escribir, después, sobre mi doble?

Otro se sienta, ráscase, extrae un piojo de su axila, mátalo.
¿Con qué valor hablar del psicoanálisis?

Otro ha entrado a mi pecho con un palo en la mano.
¿Hablar luego de Sócrates al médico?

hard work

Beloved be the man who toils by the day, month, hour,
who sweats from grief or shame,
who goes to see films by the commands of his hands,
who pays with what he hasn't,
who turns his back when he sleeps,   *I hope when I*
who doesn't remember his childhood: beloved be *many my husband will*
the hatless bald man,   *always / If he*
the thornless just man,   *Can I hold me*
the roseless robber,   *close in*
the man who is wearing a watch and has seen the Lord, *bed and*
and the man awarded an honor who isn't destroyed! *never turn*

his back
Beloved be the child who still cries when he falls, *on me*
and the man who has fallen and no longer weeps!

Alas for so much! Alas for so little! Alas for them all!

In other words
Beloved are those who
did not have, + at the

A Man Walks By   *same time had because*
                      they had
A man walks by, shouldering his loaf of bread.
And afterwards can I write about my double?   *a balance*
                                    and learned
Another sits, scratches, squashes a louse in his armpit dead. *from each*
Who dares to talk about psychoanalysis?

Another enters my chest with a club in his hand.
Shall I talk about Socrates to the doctor?

Un cojo pasa dando el brazo a un niño.
¿Voy, después, a leer a André Breton?

Otro tiembla de frío, tose, escupe sangre.
¿Cabrá aludir jamás al Yo profundo?

Otro busca en el fango huesos, cáscaras.
¿Cómo escribir, después, del infinito?

Un albañil cae de un techo, muere, y ya no almuerza.
¿Innovar, luego, el tropo, la metáfora?

Un comerciante roba un gramo en el peso a un cliente.
¿Hablar, después, de cuarta dimensión?

Un banquero falsea su balance.
¿Con qué cara llorar en el teatro?

Un paria duerme con el pie a la espalda.
¿Hablar, después, a nadie de Picasso?

Alguien va en un entierro sollozando.
¿Cómo luego ingresar a la Academia?

Alguien limpia un fusil en su cocina.
¿Con qué valor hablar del más allá?

Alguien pasa contando con sus dedos.
¿Cómo hablar del no-yo sin dar un grito?

A cripple walks by on the arm of a boy.
After that, can I read the poems of Breton?[1]

Another shivers from cold, coughs and spits up blood.
Will it ever be fair to mention my Inner I?

Another hunts in the mud for rinds and bones.
And afterwards how can I write about infinity?

A bricklayer falls off a roof, dies, will never eat lunch.
Am I later to invent a meter and metaphor?

A shopkeeper cheats his customer out of a gram.
And afterwards can I speak of the fourth dimension?

A banker fiddles his bank accounts.
How can I have the nerve to weep in the theater?

An outcast sleeps with his foot on his back.
And afterwards talk to a soul about Picasso?

Someone walks sobbing to a funeral.
And later sign the Academy's register?

Someone is cleaning his gun in the kitchen.
How can I dare to discuss a Life-after-Death?

A man walks by, counting on his fingers.
How can I speak of Not-Me without screaming out?

---

[1] André Breton, French surrealist poet and writer, 1896–1966.

Masa

Al fin de la batalla,
y muerto el combatiente, vino hacia él un hombre
y le dijo: "¡No mueras; te amo tanto!"
Pero el cadáver ¡ay! siguió muriendo.

Se le acercaron dos y repitiéronle:
"¡No nos dejes! ¡Valor! ¡Vuelve a la vida!"
Pero el cadáver ¡ay! siguió muriendo.

Acudieron a él veinte, cien, mil, quinientos mil,
clamando; "¡Tánto amor, y no poder nada contra la muerte!"
Pero el cadáver ¡ay! siguió muriendo.

Le rodearon millones de individuos,
con un ruego común: "Quédate, hermano!"
Pero el cadáver ¡ay! siguió muriendo.

Entonces todos los hombres de la tierra
le rodearon; les vió el cadáver triste, emocionado;
incorporóse lentamente,
abrazó el primer hombre; echóse a andar...

The Masses

When the fighting ended
and the soldier was dead, a man walked over
and said, "Don't die, I love you so!"
But the corpse, oh! went on dying.

Two walked over and said again,
"Don't leave us! Take heart! Come back to life!"
But the corpse, oh! went on dying.

Twenty, a hundred, a thousand, five hundred thousand men
ran crying, "So much love, and no power over death!"
But the corpse, oh! went on dying.

Millions of persons crowded around him,
begging as one man, "Brother, don't go!"
But the corpse, oh! went on dying.

Then all the people on earth thronged around.
The sad corpse was moved by the sight.
He stood up slowly,
embraced the first man, started walking . . .

Anónimo

Cuando salí de mi tierra

Cuando salí de mi tierra,
salí para no volver,
montado en un macho viejo
que daba lástima de ver.
Denguno me dijo adiós,
ni naide me vino a ver,
no más que una pobre vieja
que me daba de comer.
Me jui para l'otra banda
con un patrón qu'encontré,
gané la plata a montones,
y puse un buen almasén.
A los siete años volví
con más facha que un marqués,
y me salió a resibir

Two small ballads of social satire, the first from Chile, and the second from Tucumán, a city and province in northwestern Argentina.

When I Left My Country

When I left my country
to never come back,
a pitiful sight
on my wretched old hack,
not a soul said goodbye
and the only tear shed
was by an old woman
who'd given me bread.
I joined up with outlaws
I'd heard of before,
I made myself rich,
I opened a store,
and seven years later
returned like a swell
to find myself welcomed

todo el pueblo d'Illapel.
Pero yo, que no soy lerdo,
a denguno saludé,
no más que a la pobre vieja
que me daba de comer.

Las ninas de Tucumán

Las niñas de Tucumán
cuando van a misa en coche,
lo primero que preguntan
si es buen mozo el sacerdote.
No les gusta fray José
porque se afeita el cogote;
no les gusta fray Antonio,
con más barbas que Iscariote:
gustan del padre Luis,
lindo como un monigote,
rubio como la mazorca
y más dulce que el camote,
que dice la misa aprisa
ye se las dice a las doce.

by all Illapel.
But me—I'm not stupid,
I rode straight ahead
to greet the old woman
who'd given me bread.

Young Ladies of Tucumán

Young ladies of Tucumán
ask everyone they can,
as they're driven off to church,
if the priest is a nice young man.
They don't like Brother José,
he shaves the back of his neck.
They don't like Brother Antonio,
his beard is like Judas'—thick.
They dote on Father Luis,
who's blond as a spike of wheat,
as handsome as a puppet,
like a sweet potato sweet,
who gets the Mass over soon—
and never says it till noon.

These women aren't interested in the salvation of their souls but on a date with the priest

Anónimo

Un mosquito

Un mosquito impertinente
picar a un zorro quería,
pero éste se defendía
y lo burlaba altamente.
Sin usar voz diferente
se disfraza en el vestido;
el zorro lo ha conocido
y le dice con ultraje:
—¿Qué importa mudes de traje
si no mudas el zumbido?

The *décima*, a ten-line stanza rhyming ABBAACCDDC, became fashionable in Spain at the end of the fifteenth century and was quickly taken up in Latin America, remaining popular long after it was forgotten in Spain. It was used for religious, nonsense and love poems and satires, and during the nineteenth century was a means of broadcasting news. Décima contests were often held on religious and public holidays. These humorous décimas, collected in the nineteenth and early twentieth century, are from Mexico: the first is from Puebla, based ultimately on *Aesop's Fables,* and the second is from Valparaiso.

The Mosquito

A mosquito tried to provoke
and bite an old fox one day.
The fox just flicked it away
and treated it as a joke.
The mosquito managed to cloak
its body but not its buzz.
The wily old fox, which was
hardly taken by surprise,
asked growling, "Why all the disguise
when I recognize your buzz?"

Receta contra el amor

Se ponen al fuego dos
adarmes de indiferencia,
cuarenta gotas de esencia
de "¡abur!" y "vaya con Dios";
se añade una libra en pos
de "no me importa" (molido)
y todo muy bien cocido,
con aceite de alegría,
se toma una vez al día
en la taza del olvido.

Medicine to Cure Love

Heat on the flames till browned
two drams of indifference
with forty drops of essence
of "Goodbye" and "See you around."
And afterwards add a pound
(ground) of "I couldn't care less"
and pour on joy's oil. . . . This mess
should bubble and boil away.
To be swallowed once a day
from the cup of forgetfulness.

[handwritten notes in margin:]

all good-byes
& see-you
arounds
will be
forgotten
& that
is how
you have
have

After all How
many times have
I tried saying
Good-Bye (permanatly)
two, four, six ?
See the point !

Vicente Huidobro

Alerta

Medianoche

En el jardín
cada sombra es un arroyo

Aquel ruido que se acerca no es un coche

Sobre el cielo de París
Otto von Zeppelín

Las sirenas cantan
entre las olas negras
y este clarín que llama ahora
no es el clarín de la Victoria

Vicente Huidobro (1893–1948), Chile. For many years a resident of Paris, where he joined the circles of Apollinaire and Reverdy, Huidobro wrote in both Spanish and French and invented Creacionismo, a surrealist movement based on the supremacy of the poet as creator (as opposed to imitator). After the Spanish Civil War, he returned to live in Chile. He had a strong influence on younger generations. Among Huidobro's works in Spanish are *El espejo de agua* (1916); *Ecuatorial* (1918); *Altazor o el viaje en paracaídas* (1919).

Alert

Midnight

Each shadow
in the garden is a river

The noise drawing closer is not a car

Over Parisian skies
Otto von Zeppelin

Sirens are singing
through waves of black
and this bugle that sounds
isn't Victory's bugle

                    Cien aeroplanos
              vuelan en torno de la luna

            APAGA TU PIPA

Los obuses estallan como rosas maduras
y las bombas agujerean los días

Canciones cortadas
                    tiemblan entre las ramas

El viento contorsiona las calles

COMO APAGAR A LA ESTRELLA DEL ESTANQUE

Horizonte

Pasar el horizonte envejecido

Y mirar en el fondo de los sueños
la estrella que palpita

Eras tan hermosa
                que no pudiste hablar

Yo me alejé
            Pero llevo en la mano
aquel cielo nativo
con un sol gastado

One hundred
airplanes circle the moon.

PUT OUT YOUR PIPE

The shells burst like fullblown roses
The bombs pierce holes through the days

Songs cut short
                shiver in branches

The wind is contorting the streets

HOW TO EXTINGUISH THE RESERVOIR'S STAR

Horizon

To cross the horizon of age

and stare through the depths of dreams
at the throbbing star

You were so lovely
                you couldn't speak

I moved away
                But hold in my hand
that native sky
with its worn-out sun

Esta tarde
>> en un café
>>>> he bebido

>>> un licor tembloroso
>>> como un pescado rojo

Y otra vez en el vaso escondido
ese sueño filial

Eras tan hermosa
>>> que no pudiste hablar

En tu pecho algo agonizaba
Eran verdes tus ojos
>>> pero yo me alejaba

Eras tan hermosa
>>> que aprendí a cantar

de *Altazor*

. . . Hemos saltado del vientre de nuestra madre o del borde de una estrella y vamos cayendo.

Ah mi paracaídas, la única rosa perfumada de la atmósfera, la rosa de la muerte, despeñada entre los astros de la muerte.

¿Habéis oído? Ese es el ruido siniestro de los pechos cerrados.

Abre la puerta de tu alma y sal a respirar al lado afuera. Puedes abrir con un suspiro la puerta que haya cerrado el huracán.

I sipped
      in a café
         this afternoon

         a trembling liquid
         a scarlet fish

and again in the mirror hidden
this filial dream

You were so lovely
         you couldn't speak

Something was dying in your heart
Your eyes were green
         but I moved back

You were so lovely
         I learned to sing

from *Altazor*

. . . We have jumped from our mother's womb or the rim of a star, and we keep on falling.

Oh my parachute, only perfumed rose of the air, rose of death hurled down among stars of death.

Did you hear? The sinister sound of closed lungs.

Open the door of your soul and breathe beyond it. With a sigh you can open the door the whirlwind shut.

Hombre, he ahí tu paracaídas, maravilloso como el vértigo.

Poeta, he ahí tu paracaídas, maravilloso como el imań del abismo.

Mago, he ahí tu paracaídas que una palabra tuya puede convertir en una parasubidas maravilloso como el relámpago que quisiera cegar al creador.

¿Qué esperas?

Mas he ahí el secreto del Tenebroso que olvidó sonreir.

Y el paracaídas aguarda amarrado a la puerta como el caballo de la fuga interminable.

8

Basta señora arpa de las bellas imágenes
de los furtivos comos iluminados
Otra cosa otra cosa buscamos
Sabemos posar un beso como una mirada
plantar miradas como árboles
enjaular árboles como pájaros
regar pájaros como heliotropos
tocar un heliotropo como una música
vaciar una música como un saco
degollar un saco como un pingüino
cultivar pingüinos como viñedos
ordeñar un viñedo como una vaca
desarbolar vacas como veleros
peinar un velero como un cometa
desembarcar cometas como turistas
enbrujar turistas como serpientes
cosechar serpientes como almendras
desnudar una almendra como un atleta
leñar atletas como cipreses
iluminar cipreses como faroles
anidar faroles como alondras
exhalar alondras como suspiros

Man, here's your parachute, marvelous as dizziness.

Poet, here's your parachute, marvelous as the lodestone of the chasm.

Magician, here's your parachute, which a word will bewitch to a paralaunch, marvelous as the lightning ray that tries to blind the creator.

What are we waiting for?

But look: the mystery of the Twilit One who forgot to smile.

And the parachute, tied to the door, waits like the horse of endless flight.

8

That's enough of lovely similes lady harp
of furtive lit-up likes
something else we're looking for something else
we know how to rest a kiss like a gaze,
plant gazes like trees,
cage trees like birds,
hose birds like heliotropes,
play a heliotrope like a tune,
empty a tune like a sack,
decapitate a sack like a penguin,
cultivate penguins like vineyards,
milk a vineyard like a cow,
reef cows like sailboats,
comb a sailboat like a comet,
land comets like tourists,
charm tourists like snakes,
gather snakes like almonds,
strip an almond like an athlete,
chop an athlete like a cypress,
light cypresses like lanterns,
nest lanterns like larks,
breathe out larks like sighs,

bordar suspiros como sedas
derramar sedas como ríos
tremolar un río como una bandera
desplumar una bandera como un gallo
apagar un gallo como un incendio
bogar en incendios como en mares
segar mares como trigales
repicar trigales como campanas
desangrar campanas como corderos
dibujar corderos como sonrisas
embotellar sonrisas como licores
engastar licores como alhajas
electrizar alhajas como crepúsculos
tripular crepúsculos como navíos
descalzar un navío como un rey
colgar reyes como auroras
crucificar auroras como profetas
etc. etc. etc.
Basta señor violín hundido en una ola ola
Cotidiana ola de religión miseria
de sueño en sueño posesión de pedrerías

embroider sighs like silks,
pour out silks like rivers,
hoist a river like a flag,
pluck a flag like a rooster,
put out a rooster like a fire,
row through fires like waves,
mow waves like wheatfields,
ring wheatfields like bells,
bleed bells like sheep,
paint sheep like smiles,
bottle smiles like alcohol,
set alcohol like jewels,
electrify jewels like sunsets,
man sunsets like ships of war,
bare the feet of warships like a king's,
hang kings like dawns,
crucify dawns like prophets,
and so on . . . so on . . . on.
enough mr. violin drowned in a wave wave
everyday wave of religion grief
from dream to dream possession in the jewelbox

Luis Palés Matos

Topografía

Esta es la tierra estéril y madrastra
en donde brota el cacto.
Salitral blanquecino que atraviesa
roto de sed el pájaro;
con marismas resecas espaciadas
a extensos intervalos,
y un cielo fijo, inalterable y mudo,
cubriendo todo el ámbito.

Luis Palés Matos (1898–1959), Puerto Rico. Raised in a family of poets, Palés Matos came into his own when he began to experiment with African rhythms and themes in the twenties. His best poetry is about his native island. *Tuntún de pasa y grifería*, which contains much of his "black" poetry, appeared in 1937. His collected poems have been published under the title, *Poesía 1915–1956*.

Topography

This is the barren, hostile soil
from which the cactus springs,
the bleached saltpeter country crossed
by the bird on parched wings,
with dried-up swamps strung out
at vast intervals on the plain,
and a fixed, inalterable, dumb sky
that closes in the whole terrain.

¡Viva la Puerto Rico !

Long live Puerto Rico

Isla Bonita
Pretty Island

Fatherland of the Valiant men

Borinquén = "Indian name for Puerto Rico"

185

El sol calienta en las marismas rojas
el agua como un caldo,
y arranca al arenal caliginoso
un brillo seco y áspero.
La noche cierra pronto y en el lúgubre
silencio rompe el sapo
su grita de agua oculta que las sombras
absorben como tragos.

Miedo. Desolación. Asfixia. Todo
duerme aquí sofocado
bajo la línea muerta que recorta
el ras rígido y firme de los campos.
Algunas cabras amarillas medran
en el rastrojo escaso,
y en la distancia un buey rumia su sueño
turbio de soledad y de cansancio.

Esta es la tierra estéril y madrastra.
Cunde un tufo malsano
de cosa descompuesta en la marisma
por el fuego que baja de lo alto;
fermento tenebroso que en la noche
arroja el fuego fatuo,
y da esas largas formas fantasmales
que se arrastran sin ruido sobre el páramo.

The sun boils up a red mud soup
among the marshy bottom lands
and draws a jagged, desiccated
glitter from the twilit sands.
Night falls abruptly—in the murky
stillness, the frog erupts
with its croak of secret water
that the shadows absorb like gulps.

Fear. Desolation. Asphyxia.
Everything sleeps here, sealed,
below the dead line scythed by the
firm, rigid level of the field.
A few sickly goats browse on stalks
while a distant ox chews the cud
of dreams that from loneliness
and overwork have turned to mud.

This is the barren, hostile soil.
Vapors of rotting matter rise
from the swamps and expand
on the fire that falls from the skies—
dark fermentation, which at night
casts flames of phosphorescence
and ghostly forms that drag themselves
across the wilderness in silence.

Esta es la tierra donde vine al mundo.
—Mi infancia ha ramoneado
como una cabra arisca por el yermo
rencoroso y misantropo—.
Esta es toda mi historia:
sal, aridez, cansancio,
una vaga tristeza indefinible,
una inmóvil fijeza de pantano,
y un grito, allá en el fondo,
como un hongo terrible y obstinado,
cuajándose entre fofas carnaciones
de inútiles deseos apagados.

This is the soil where I was born
and like a wild goat, raised—
here, in this spiteful, misanthropic
wasteland, my childhood grazed.
This is the story of my life:
exhaustion, salt, aridity,
a dim, indefinable sadness,
a swampland's frozen fixity.
And far in the distance a scream—
terrible, stubborn mushroom sprout
curdled among the sponged carnations
of futile desires burned out.

Ricardo E. Molinari

Cancionero de Príncipe de Vergara
    A GERARDO DIEGO

I

Dormir. ¡Todos duermen solos,
madre! Penas trae el día,
pero ¡ay! ninguna,
ninguna como la mía.

2

No tengo cielo prestado
ni ojos que vuelvan a mí
por un descanso de flores,
sin dormir.

Ricardo E. Molinari (1898–   ), Argentina. A lyric and romantic poet, Molinari was deeply influenced by classical Spanish poetry. Later he turned to writing about the Argentine countryside. An anthology of his poetry, *Un día, el tiempo y las nubes,* was published in 1964.

Songbook of the Prince of Vergara
TO GERARDO DIEGO

1

Sleep. Everyone, mother,
sleeps alone! Morning brings grief
oh! but never
sorrow like mine.

2

I don't have a borrowed heaven
nor eyes that turn to mine,
sleepless, for a relief
of flowers.

3

Amigo, qué mal me sienta
el aire solo,
el aire solo, perdido
de Extramadura. Aire solo.
Piedra muda.

4

Qué bien te pega la sombra
sobre el cabello. La sombra
obscura. Oh, el verde pino
que mira el cielo. El pino,
señora hermosa, en la orilla
del mar portugués. Orilla
de prado, de flor lejana.

5

Nunca más la he de ver.
Aguas llevará el río.
¡Aguas lleva el río Tajo!
Pero mi sed no la consuela el río.

6

Déjame dormir esta noche
sobre tu mano. Dormir,
si pudiera. La adelfa
crece de noche,
como la pena.

3

My friend, how the lonely air
disturbs me.
The lost, lonely air
of Extramadura.[1] Lonely air,
dumb stone.

*being lonely
it's not at
all great*

4

How the shadow
clings to your hair. The dark shadow.
Oh the green pine
that points to the sky. The pine,
fair lady, on the shore
of Portugal's sea. The shore
of the field, faraway flower.

5

I'll never see her again.
The river will roll its waters by.
The River Tagus[2] rolls its waters by.
My thirst isn't slaked by the river.

6

Tonight let me sleep
on your hand. Sleep,
if I could. The oleander
grows in the night,
like grief.

*companionship now
that's great*

---

[2] The longest river in Spain, the Tagus runs into the Atlantic at Lisbon, Portugal.
[1] A historic region of western Spain, bordering on Portugal.

7

Envidia le tengo al viento
porque baila entre las hojas,
envidia de prisionero
que se ahoga.
Mándame un brazo de viento
con una siempreviva entre los dedos.

8

Mi dolor tiene los ojos
castigados. Si pudiera
hablarte. ¡Sí, si pudiera
hablar contigo, río alto,
paloma fría! ¡Qué triste
anda el aire! Dime, triste
pensamiento, qué sueño
muere a tu lado, perdido.
¡Paloma fría, río alto!
Luna de piedra entre lirios.

7

I envy the wind
that can dance through the leaves,
envy like a prisoner
who is stifling.
Send me a handful of wind
with an amaranth in its fingers.

8

The eyes of my pain
are scourged. If I
could speak, oh if I
could speak to you, cold dove,
flooded stream. The wind as it blows
is so sad! Tell me,
sad thought, what dream
dies lost at your side.
Cold dove, rising stream!
Rock moon among lilies.

*lilies are
beautiful
flowers among
roses, tulips, etc.*

Jorge Luis Borges

Poema conjetural

> *El doctor Francisco Laprida,*
> *asesinado el dia 22 de setiembre*
> *de 1829 por los montoneros de*
> *Aldao, piensa antes de morir:*

Zumban las balas en la tarde última.
Hay viento y hay cenizas en el viento,
se dispersan el día y la batalla
deforme, y la victoria es de los otros.
Vencen los bárbaros, los gauchos vencen.
Yo, que estudié las leyes y los cánones,
yo, Francisco Narciso de Laprida,
cuya voz declaró la independencia
de estas crueles provincias, derrotado,
de sangre y de sudor manchado el rostro,
sin esperanza ni temor, perdido
huyo hacia el Sur por arrabales últimos.

Jorge Luis Borges (1899–   ), Argentina. Borges spent much of his early life in Switzerland. In 1918 he went to Spain, where he became interested in Ultraísmo, a movement based on the metaphor as the most important poetic element. On his return to Buenos Aires, he gradually turned more and more to metaphysics, "the only finality and justification of all themes." Borges is also the author of many short stories, or "fictions," as he calls them. Despite his almost total blindness, he has worked as director of the National Library of Argentina. *Obra poética* (1923–1967) was reissued in 1967.

Conjectural Poem

Assassinated on September 22,
1829, by the rebels of Aldao,
Doctor Francisco Laprida[1] reflects
before dying:

Bullets hum on the last afternoon.
The wind blows, there is ash on the wind.
The day and the ugly battle scatter,
and the victory belongs to the others:
the barbarians, the gauchos win.
I, who have studied the laws and canons,
Francisco Narciso de Laprida,
I, whose voice proclaimed the independence
of these savage provinces, defeated,
my forehead stained by drops of sweat and blood,
with neither hope nor fear, and lost, flee
through the last suburbs toward the south.

---

[1] Francisco Narciso de Laprida (1786–1829), was an ancestor of Borges.

Como aquel capitán del Purgatorio
que, huyendo a pie y ensangrentando el llano,
fue cegado y tumbado por la muerte
donde un oscuro río pierde el nombre,
así habré de caer. Hoy es el término.
La noche lateral de los pantanos
me acecha y me demora. Oigo los cascos
de mi caliente muerte que me busca
con jinetes, con belfos y con lanzas.

Yo que anhelé ser otro, ser un hombre
de sentencias, de libros, de dictámenes,
a cielo abierto yaceré entre ciénagas;
pero me endiosa el pecho inexplicable
un júbilo secreto. Al fin me encuentro
con mi destino sudamericano.
A esta ruinosa tarde me llevaba
el laberinto múltiple de pasos
que mis días tejieron desde un día
de la niñez. Al fin he descubierto
la recóndita clave de mis años,
la suerte de Francisco de Laprida,
la letra que faltaba, la perfecta
forma que supo Dios desde el principio.
En el espejo de esta noche alcanzo
mi insospechado rostro eterno. El círculo
se va a cerrar. Yo aguardo que así sea.

Pisan mis pies la sombra de las lanzas
que me buscan. Las befas de mi muerte,
los jinetes, las crines, los caballos
se ciernen sobre mí. . . . Ya el primer golpe,
ya el duro hierro que me raja el pecho,
el íntimo cuchillo en la garganta.

Like Purgatory's leader,[1] who fleeing
on foot and staining the plain with blood,
was blinded and hurtled down by death
where a dark river engulfs its name.
That's how I'll fall. Today is the end.
The flanking night of the swamps waylays
me and slows me up. I hear the hoofs
of the hot death that tracks me down,
and the cavalry, lances and snorts.

I, who once wished to be someone else,
a man of judgment, knowledge, opinions,
will lie in swamps under open sky.
But my heart inexplicably swells
with a secret joy—at last I've met
my South American fate. The manifold
maze of steps woven by life from one
day in my childhood has guided me
up to this ruinous night. At last
I've found the secret key to my years,
Francisco de Laprida's stroke of fortune,
the missing letter, the perfect form,
of which God was aware from the first
instant. In tonight's mirror, I reach
my latent, eternal face. The circle
is going to close. I wait it out.

Hard on my heels, the shadow of lances
that hunt me down. The jeers of my death,
the riders, the flowing manes, the horses
hover above me. . . . Now the first thrust,
now the sharp blade that rips at my chest,
and the intimate knife in my throat.

---

[1] Allusion to Buoconte di Montefeltri, whose body was found after the defeat of Campaldino in 1289. He is mentioned by Dante in *The Divine Comedy*.

José Gorostiza

Acuario
a Xavier Villaurrutia

Los peces de colores juegan
donde cantaba Jenny Lind.

Jenny era casi una niña
por 1840,
pero tenía
un glu-glu de agua embelesada
en la piscina etérea de su canto.

New York era pequeño entonces.
Las casitas de cuatro pisos
debían de secar la ropa
recién lavada
sobre los tendederos
azules de la madrugada.

J̇osé Gorostiza (1901–   ), Mexico. The author of two books of poetry, *Canciones para cantar en barcas* (1925) and *Muerte sin fin* (1939), Gorostiza has also served as ambassador, as delegate to international conferences and as Secretary of Foreign Affairs. Recently he has presided over the National Commission of Nuclear Energy.

Aquarium

TO XAVIER VILLAURRUTIA

Glittering fish play
where Jenny Lind[1] once sang.

Jenny was still a little girl
around 1840,
but she had
a gurgle of bewitched water
in the aerial pool of her song.

New York was tiny then.
The small four-story buildings
were forced to dry
their fresh laundry
on the blue clothesline
of the dawn.

---

[1] Famous Swedish-born coloratura soprano (1820–1887).

Iremos a Battery Place
—aquí, tan cerca—
a recibir saludos de pañuelo
que nos dirigen los barcos de vela.

Y las sonrisas luminosas
de las cinco de la tarde,
oh, si darían
un brillo de luciérnaga a las calles.

Luego, cuando el iris del faro
ponga a tiro de piedra el horizonte,
tendremos pesca
de luces blancas, amarillas, rojas,
para olvidarnos de Broadway.

Porque Jenny Lind era
como el agua reída de burbujas
donde los peces de colores juegan.

We'll visit Battery Park—
so close to us—
to be greeted by the handkerchiefs
the sailboats wave at us.

And at five, the afternoon's
luminous smiles.
Oh, if they filled the streets
with the flicker of fireflies!

At night, when the eye of the lighthouse
hurls the horizon a stone's throw away,
we'll spread out our haul of fish,
of white and red and yellow lights,
to make us forget Broadway.

Because Jenny Lind
was like the bubbles laughed by water
where glittering fishes play.

Nicolás Guillén

Caña

El negro
junto al cañaveral.

El yanqui
sobre el cañaveral.

La tierra
bajo el cañaveral.

¡Sangre
que se nos va!

Nicolás Guillén (1902–   ), Cuba. Guillén studied law in Havana, joined the Afro-Cuban circles there and became a Communist; subsequently, he visited many years in the Soviet Union. A truly popular poet, many of whose poems have been set to music, Guillén uses African-Cuban rhythms and dialect to write about colonial exploitation and the problems of blacks in Cuba. His best poetry is contained in *Sóngoro cosongo* (1931); *West Indies Ltd.* (1934); *Cantos para soldados y sones para turistas* (1937); and *El son entero* (1947).

Cane

The black man
by the cane field.

The American
over the cane field.

The earth
under the cane field.

Blood
oozing from us!

Sensemayá
Canto para matar una culebra

¡Mayombe-bombe-mayombé!
¡Mayombe-bombe-mayombé!
¡Mayombe-bombe-mayombé!

La culebra tiene los ojos de vidrio;
la culebra viene y se enreda en un palo;
con sus ojos de vidrio, en un palo,
con sus ojos de vidrio.
La culebra camina sin patas;
la culebra se esconde en la yerba;
caminando se esconde en la yerba,
caminando sin patas.

¡Mayombe-bombe-mayombé!
¡Mayombe-bombe-mayombé!
¡Mayombe-bombe-mayombé!

Tú le das con el hacha, y se muere:
¡dale ya!
¡No le des con el pie, que te muerde,
no le des con el pie, que se va!

Sensemayá, la culebra,
sensemayá.
Sensemayá, con sus ojos,
sensemayá.
Sensemayá, con su lengua,
sensemayá.
Sensemayá, con su boca,
sensemayá...

Sensemayá
Song to kill a snake

Mayombe-bombe-mayombé!
Mayombe-bombe-mayombé!
Mayombe-bombe-mayombé!

The snake's eyes are made of glass.
The snake winds around a log.
With its glass eyes, around a log.
With its eyes of glass.
The snake walks without legs.
The snake hides in the grass.
It hides as it walks in the grass.
It walks without legs.

Mayombe-bombe-mayombé!
Mayombe-bombe-mayombé!
Mayombe-bombe-mayombé!

At a stroke of your ax, it'll die!
Strike!
Don't stamp on the snake, it'll bite!
Don't stamp on the snake, it slithers away!

Sensemayá, the snake,
sensemayá.
Sensemayá, with its eyes,
sensemayá.
Sensemayá, with its tongue,
sensemayá.
Sensemayá, with its mouth,
sensemayá ...

[handwritten annotations:] terrific African rhythm

Get the snake maybe the representation of bad misfortune or doom) before it gets you!

La culebra muerta no puede comer;
la culebra muerta no puede silbar;
no puede caminar,
no puede correr.
La culebra muerta no puede mirar;
la culebra muerta no puede beber;
no puede respirar,
¡no puede morder!

¡Mayombe-bombe-mayombé!
Sensemayá, la culebra...
¡Mayombe-bombe-mayombé!
Sensemayá, no se mueve...
¡Mayombe-bombe-mayombé!
Sensemayá, la culebra...
¡Mayombe-bombe-mayombé!
Sensemayá, se murió!

Madrigal

Tu vientre sabe más que tu cabeza
y tanto como tus muslos.
Esa
es la fuerte gracia negra
de tu cuerpo desnudo.

Signo de selva el tuyo,
con tus collares rojos,
tus brazaletes de oro curvo,
y ese caimán oscuro
nadando en el Zambeze de tus ojos.

The dead snake doesn't eat.
The dead snake doesn't hiss.
It doesn't walk.
It doesn't run.
The dead snake doesn't see.
The dead snake doesn't drink.
It doesn't breathe.
It doesn't bite.

Mayombe-bombe-mayombé!
Sensemayá, the snake . . .
Mayombe-bombe-mayombé!
Sensemayá, lies still . . .
Mayombe-bombe-mayombé!
Sensemayá, the snake . . .
Mayombe-bombe-mayombé!
Sensemayá, is killed!

[handwritten margin note: Triumph over possible misfortune of deadly proportions!]

Madrigal

Your belly knows more than your head,
as much as your thighs.
And this
is the strong black grace
of your body naked.

Yours, the mark of the jungle—
red beads, curved gold bangles, and
the dark crocodile
lazing
in the Zambezi[1] of your eyes.

---

[1] A sixteen-hundred-mile African river that rises in eastern Angola, flows through Zambia and meets the sea in Mozambique.

Calor

El calor raja la noche.
La noche cae tostada
sobre el río.

¡Qué grito,
qué grito fresco en las aguas
el grito que da la noche
quemada!

Rojo calor para negros.
¡Tambor!
Calor para torsos fúlgidos.
¡Tambor!
Calor con lenguas de fuego
sobre espinazos desnudos...
¡Tambor!

El agua de las estrellas
empapa los cocoteros
despiertos.
¡Tambor!
Alta luz de las estrellas.
¡Tambor!
El faro polar vacila...
¡Tambor!
¡Fuego a bordo! ¡Fuego a bordo!
¡Tambor!
¡Es cierto? ¡Huid! ¡Es mentira!
¡Tambor!
Costas sordas, cielos sordos...
¡Tambor!

Las islas van navegando,
navegando, navegando,
van navegando encendidas.

Heat

Heat breaks the night.
The scorched night spirals
down to the river.

What shouts!
What cool shouts from the water,
the shouts of the burning
night!

Red heat for the blacks.
Drums!
Heat for their glowing chests.
Drums!
Heat with tongues of fire
to burn their naked backs.
Drums!

The star water drenches
sleepless
coconut palms.
Drums!
High dazzle of stars.
Drums!
The polar star wavers.
Drums!
Fire on board! Fire!
Drums!
True? Overboard! Lies!
Drums!
Silent shores and skies . . .
Drums!

The islands are sailing by,
sailing in, sailing out,
the islands are sailing on fire.

Jorge Carrera Andrade

Corte de cebada

En un cuerno vacío de toro
sopló el Juan el mensaje de la cebada lista.

En sus casas de barro
las siete familias
echaron un zumo de sol
en las morenas vasijas.

La loma estaba sentada en el campo
con su poncho a cuadros.

El colorado, el verde, el amarillo
empezaron a subir por el camino.

Jorge Carrera Andrade (1902–   ), Ecuador. Carrera Andrade was active in politics as a student, worked as Gabriela Mistral's secretary and as a diplomat and has spent most of his life outside his native Ecuador. His published works include *Boletines de mar y tierra* (1930); *Registro del mundo* (1940); and *Lugar de origen,* a collection of his recent poetry.

Reaping the Barley

Down the hollow horn of a bull,
Juan blew the news the barley was ripe.

The seven families
in their mud-brick homes
poured out the sun's juice
into brown clay jugs.

The hill sat in the field
wrapped in its bright plaid poncho.

Red and yellow and green
started to climb the path.

Entre un motín de colores
se abatían sonando las cebadas de luz
diezmadas por las hoces.

La Tomasa pesaba la madurez del cielo
en la balanza de sus brazos tornasoles.

Le moldeaba sin prisa la cintura
el giro lento del campo.

Hombres y mujeres de las siete familias,
sentados en lo tierno del oro meridiano
bebieron un zumo de sol
en las vasijas de barro.

El hombre del Ecuador bajo la Torre Eiffel

Te vuelves vegetal a la orilla del tiempo.
Con tu copa de cielo redondo
y abierta por los túneles del tráfico,
eres la ceiba máxima del Globo.

Suben los ojos pintores
por tu escalera de tijera hasta el azul.

Alargas sobre una tropa de tejados
tu cuello de llama del Perú.

Rebellions of color,
the ears of light were mowed to the ground,
massacred by the sickles.

Tomasa balanced the ripe sky
on the scales of her sunflower arms.

The slow spin of the field
lazily molded her waist.

Men and women of the seven families
sat in the mildness of morning gold,
drinking the sun's juice
from their brown clay jugs.

The Man of Ecuador under the Eiffel Tower

You turn to a plant on the shores of Time.
With your cupful of round sky,
opened for tunnels of traffic,
you are the tallest ceiba[1] on the ground.

Painter eyes run up
your scissor stairs toward the blue.

Over the flocks of tiled roofs,
you stretch your neck, a llama from Peru.

---

[1] A large tropical tree of the genus Ceiba, whose trunk indeed resembles the base of the Eiffel Tower.

Arropada en los pliegues de los vientos,
con tu peineta de constelaciones,
te asomas al circo
de los horizontes.

Mástil de una aventura sobre el tiempo.
Orgullo de quinientos treinta codos.

Pértiga de la tienda que han alzado los hombres
en una esquina de la historia.
Con sus luces gaseosas
copia la vía láctea tu dibujo en la noche.

Primera letra de un Abecedario cósmico,
apuntada en la dirección del cielo;
esperanza parada en zancos;
glorificación del esqueleto.

Hierro para marcar el rebaño de nubes
o mudo centinela de la edad industrial.
La marea del cielo
mina en silencio tu pilar.

Wrapped in the folds of the winds,
with your comb of constellations,
you loom as if peering down
at the circus of horizons.

Mast of adventure over Time,
nine hundred eighty-four feet of pride.

A tentpole that man set up
in one of history's corners.
The Milky Way with its gaslights
copies your outline across the night.

Initial letter of a cosmic alphabet
pointed in the sky's direction,
hope stopped on its stilts,
the skeleton's glorification.

A branding-iron for droves of clouds
or dumb guard of the Industrial Age.
Around you the tides of the heavens
silently undermine your pillar.

Xavier Villaurrutia

Nocturno rosa
A JOSÉ GOROSTIZA

Yo también hablo de la rosa.
Pero mi rosa no es la rosa fría
ni la de piel de niño,
ni la rosa que gira
tan lentemente que su movimiento
es una misteriosa forma de la quietud.

No es la rosa sedienta,
ni la sangrante llaga,
ni la rosa coronada de espinas,
ni la rosa de la resurrección.

Xavier Villaurrutia (1903–1950), Mexico. A prolific writer, Villaurrutia worked as chief of the Theater Section in the Ministry of Public Education until his death by suicide in 1950. He is often called "the poet of the nocturne." *Nostalgia de la muerte* was published in 1938.

Rose Nocturne

TO JOSÉ GOROSTIZA

I also speak of the rose.
But my rose is not the frozen rose
nor the rose of a baby's skin,
nor the rose whose spin
is so slow that its movement
is a mysterious kind of stillness.

It's not the rose of thirst
nor the bleeding wound
nor the rose in a crown of thorns
nor the rose of resurrection.

No es la rosa de pétalos desnudos,
ni la rosa encerada,
ni la llama de seda,
ni tampoco la rosa llamarada.

No es la rosa veleta,
ni la úlcera secreta,
ni la rosa puntual que da la hora,
ni la brújula rosa marinera.

No, no es la rosa rosa
sino la rosa increada,
la sumergida rosa,
la nocturna,
la rosa inmaterial,
la rosa hueca.

Es la rosa del tacto en las tinieblas,
es la rosa que avanza enardecida,
la rosa de rosadas uñas,
la rosa yema de los dedos ávidos,
la rosa digital,
la rosa ciega.

Es la rosa moldura del oído,
la rosa oreja,
la espiral del ruido,
la rosa concha siempre abandonada
en la más alta espuma de la almohada.

It's not the rose of naked petals,
nor the rose enclosed in wax,
nor the flame in silk,
nor the rose in blush.

It's not the banner rose,
nor the secret ulcer,
nor the punctual rose that strikes the hour,
nor the mariner's magnet rose.

No, it's not the rose rose
but the rose that is uncreated,
the rose submerged,
nocturnal rose,
immaterial rose,
the rose that's hollow.

It's the rose of touch in darkness.
It's the rose that advances inflamed,
the rose of rosy nails,
the rosebud of greedy fingers,
the digital rose,
the blind rose.

It's the rose bell of the eardrum,
the rosy ear,
the spiral of noise,
the shell rose always abandoned
on the pillow's highest foam.

Es la rosa encarnada de la boca,
la rosa que habla despierta
como si estuviera dormida.
Es la rosa entreabierta
de la que mana sombra,
la rosa entraña
que se pliega y expande
evocada, invocada, abocada,
es la rosa labial,
la rosa herida.

Es la rosa que abre los párpados,
la rosa vigilante, desvelada,
la rosa del insomnio deshojada.

Es la rosa del humo,
la rosa de ceniza,
la negra rosa de carbón diamante
que silenciosa horada las tinieblas
y no ocupa lugar en el espacio.

It's the flesh-colored rose of the mouth,
the rose that speaks awake
as if it were half-asleep.
It's the half-shut rose
from which shadow flows,
the rose of the entrails
that folds and expands,
decanted, evoked and invoked,
the labial rose,
the injured rose.

It's the rose that opens its eyelids,
the vigilant rose that cannot sleep,
the rose of stripped insomnia.

It's the rose of smoke,
the rose of ash,
the black rose of diamond coal
that silently pierces darkness
and takes up no space in space.

Pablo Neruda

de *Alturas de Macchu Picchu*

3

El ser como el maíz se desgranaba en el inacabable
granero de los hechos perdidos, de los acontecimientos
miserables, del uno al siete, al ocho,
y no una muerte, sino muchas muertes llegaba a cada uno:
cada día una muerte pequeña, polvo, gusano, lámpara
que se apaga en el lodo del suburbio, una pequeña muerte de alas gruesas

entraba en cada hombre como una corta lanza
y era el hombre asediado del pan o del cuchillo,
el ganadero: el hijo de los puertos, o el capitán oscuro del arado
o el roedor de las calles espesas:

Pablo Neruda (1904–1973), Chile. The son of a railroad crew foreman, Neruda (Neftalí Reyes) grew up in pioneer country in the far south of Chile. He published his first volume of poems in 1921. After the Spanish Civil War, he joined the Communist party and directed his poetry to "simple people" in "elemental" language. Neruda served in the Chilean Senate and held many diplomatic posts in Asia. In 1972 he won the Nobel Prize for literature. His many books include *Veinte poemas de amor y una canción desesperada* (1924); *Residencia en la tierra* (1925–31); *Canto general* (1950); *Odas elementales* (1954); *Memorial de la Isla Negra* (1964); and *Obras completas* (1957).

from *The Heights of Macchu Picchu*[1]

3

Life, like corn, shed its kernels
in the inexhaustible barn of wasted acts,
drab events, from one to seven, to eight;
and each one died not one but many deaths:
each day a little death: dust, worm, lamp
burned out in the mud of the suburbs, a little death with bulky wings

entered each man like a short lance.
And man was besieged by bread and by knife,
the farmer: the son of the ports, the plow's dark captain,
or the rodent of packed streets.

---

[1] A terraced city built by the Incas high in the Peruvian Andes, overlooking the Urubamba River. No one knows why it was abandoned or when. Unknown to the Spaniards, it was rediscovered by Hiram Bingham, the American archeologist, in 1911.

todos desfallecieron esperando su muerte, su corte muerte diaria:
y su quebranto aciago de cada día era
como una copa negra que bebían temblando.

4

La poderosa muerte me invitó muchas veces:
era como la sal invisible en las olas,
y lo que su invisible sabor diseminaba
era como mitades de hundimientos y altura
o vastas contrucciones de viento y ventisquero.

Yo al férreo filo vine, a la angostura
del aire, a la mortaja de agricultura y piedra,
al estelar vacío de los pasos finales
y a la vertiginosa carretera espiral:
pero, ancho mar, oh muerte!, de ola en ola no vienes.
sino como un galope de claridad nocturna
o como los totales números de la noche.

Nunca llegaste a hurgar en el bolsillo, no era
posible tu visita sin vestimenta roja:
sin auroral alfombra de cercado silencio:
sin altos o enterrados patrimonios de lágrimas.

No pude amar en cada ser un árbol
con su pequeño otoño a cuestas (la muerte de mil hojas),
todas las falsas muertes y las resurrecciones
sin tierra, sin abismo:
quise nadar en las más anchas vidas,
en las más sueltas desembocaduras,
y cuando poco a poco el hombre fué negándome
y fué cerrando paso y puerta para que no tocaran
mis manos manantiales su inexistencia herida,

All of them pined as they waited for death, for their daily brief death:
and each day their dismal pain was like
a black cup from which they drank, trembling.

4

Forceful death tempted me many times:
it was like the invisible salt in the sea,
and what its invisible flavor sprayed
was like halves of sinkings and summits
or vast constructions of wind and snowdrift.

I reached the ridge of iron, the narrow pass
of air, the shroud of furrow and stone,
the sidereal void of final steps,
and the dizzy, spiraling trail.
But O, wide ocean, death! you do not come
in wave on wave but in a canter of nocturnal light
or in the total sum of night's numbers.

You never descended to snooping in pockets,
you couldn't call without your scarlet robes,
your sunrise carpet of enclosed silence,
your exalted or buried inheritance of tears.

I couldn't love in each being a tree
shouldering its brief autumn (a thousand leaves' fall),
all the sham deaths and resurrections,
without world, without hell:
I wanted to swim in the fullest lives,
in the widest mouths of rivers,
and when little by little man refused me,
blocking his way and door so my flowing hands
couldn't feel his wounded nonexistence,

entonces fuí por calle y calle y río y río,
y ciudad y ciudad y cama y cama,
y atrevesó el desierto mi máscara salobre,
y en las últimas casas humilladas, sin lámpara, sin fuego,
sin pan, sin piedra, sin silencio, solo,
rodé muriendo de mi propia muerte.

6

Entonces en la escala de la tierra he subido
entre la atroz maraña de las selvas perdidas
hasta ti, Macchu Picchu.

Alta ciudad de piedras escalares,
por fin morada del que lo terrestre
no escondió en las dormidas vestiduras,
en ti, como dos líneas paralelas,
la cuna del relámpago y del hombre
se mecían en un viento de espinas.

Madre de piedra, espuma de los cóndores.

Alto arrecife de la aurora humana.

Pala perdida en la primera arena.

Esta fue la morada, éste es el sitio:
aquí los anchos granos del maíz ascendieron
y bajaron de nuevo como granizo rojo.

Aquí la hebra dorada salió de la vicuña
a vestir los amores, los túmulos, las madres,
el rey, las oraciones, los guerreros.

then I went from street to street, river to river,
city to city, bed to bed.
And my mask of salt passed through the desert,
and in the last low huts, without light, flame,
bread, stone or silence, alone
I circled, dying of my own death.

6

Then I climbed up the ladder of earth
through the cruel tangle of lost jungle
toward you, Macchu Picchu.

Towering city of terraced stone,
the home at last of what the earth
never tucked in its folds of sleep,
in you, like two parallel lines,
the cradles of lightning and man
were rocked in a wind of thorns.

Mother of stone, condors' spray.

Towering reef of human dawn.

Oar abandoned in the first sand.

This was the home, this is the place.
Here the big kernels of corn rose
and fell to the ground, like red hail.

Here the vicuña's gold fleece was clipped
to cover loves, mothers, tombs,
ruler, prayers and warriors.

Aquí los pies del hombre descansaron de noche
junto a los pies del águila en las altas guaridas
carniceras, y en la aurora
pisaron con los pies del trueno la niebla enrarecida
y tocaron las tierras y las piedras
hasta reconocerlas en la noche o la muerte.

Miro las vestiduras y las manos,
el vestigio del agua en la oquedad sonora,
la pared suavizada por el tacto de un rostro
que miró con mis ojos las lámparas terrestres,
que aceitó con mis manos las desaparecidas
maderas: porque todo, ropaje, piel, vasijas,
palabras, vino, panes,
se fué, cayó a la tierra.

Y el aire entró con dedos
de azahar sobre todos los dormidos:
mil años de aire, meses, semanas de aire,
de viento azul, de cordillera férrea
que fueron como suaves huracanes de pasos
lustrando el solitario recinto de la piedra.

Oda a la alcachofa

La alcachofa
de tierno corazón
se vistió de guerrero,
erecta, construyó

Here at night men stretched their legs
near the eagles' claws in the high,
bloodstained roosts, and walked at dawn
on the thin mists with steps of thunder
and felt the earth and stones
till they knew them by heart, in night or death.

I look at the clothes and hands,
the signs of water in the resonant pit,
the wall rubbed smooth by the touch of a face
that looked through my eyes at the earth's lanterns,
that oiled with my hands the lost timbers,
because everything—clothes, skin, vessels,
words, wine, bread—
has vanished, has fallen to earth.

And the air swept in with fingers
of flowering lemon over the sleeping forms;
one thousand years of air, months and weeks of air,
of blue wind and iron mountain range,
like soft hurricanes of steps
that polished the lonely stone enclosure.

Ode to an Artichoke

The soft-hearted
artichoke
put on armor,
stood at attention, raised

una pequeña cúpula,
se mantuvo
impermeable
bajo
sus escamas,
a su lado
los vegetales locos
se encresparon,
se hicieron
zarcillos, espadañas,
bulbos conmovedores,
en el subsuelo
durmió la zanahoria
de bigotes rojos,
la viña
resecó los sarmientos
por donde sube el vino,
la col
se dedicó
a probarse las faldas,
el orégano
a perfumar el mundo,
y la dulce
alcachofa
allí en el huerto,
vestida de guerrero,
bruñida
como una granada,
orgullosa;
y un día
una con otra
en grandes cestos
de mimbre, caminó
por el mercado
a realizar su sueño:

a small turret
and kept itself
watertight
under
its scales.
Beside it,
the fertile plants
tangled,
turned into
tendrils, cattails,
moving bulbs.
In the subsoil
the red-whiskered
carrot slept,
the grapevine
parched the shoots
that wine climbs up,
the cabbage
busied itself
with trying on skirts,
the marjoram
with making the world smell sweet,
and the gentle
artichoke
in the kitchen garden,
equipped like a soldier,
burnished
like a grenade,
was full of itself.
And one day,
packed with others,
in big willow
baskets, it marched
through the market
to act out its dream—

la milicia.
En hileras
nunca fue tan marcial
como en la feria,
los hombres
entre las legumbres
con sus camisas blancas
eran
mariscales
de las alcachofas,
las filas apretadas,
las voces de comando,
y la detonación
de una caja que cae;
pero
entonces
viene
María
con su cesto,
escoge
una alcachofa,
no le teme,
la examina, la observa
contra la luz como si fuera un huevo,
la compra,
la confunde
en su bolsa
con un par de zapatos,
con un repollo y una
botella
de vinagre
hasta
que entrando a la cocina
la sumerge en la olla.

the militia.
It was never as martial
in rows
as at the fair.
Among the vegetables,
men in white shirts
were
the artichokes'
marshals,
closed ranks,
commands,
the explosion
of a falling crate;
but
then
Maria
shows up
with her basket,
fearlessly
chooses
an artichoke,
studies it, squints at it
against the light like an egg,
buys it,
dumps it
into her bag
with a pair of shoes,
a white cabbage and
a bottle
of vinegar
till
she enters the kitchen
and drowns it
in the pot.

Así termina
en paz
esta carrera
del vegetal armado
que se llama alcachofa,
luego
escama por escama,
desvestimos
la delicia
y comemos
la pacífica pasta
de su corazón verde.

El padre

El padre brusco vuelve
de sus trenes:
reconocimos
en la noche
el pito
de la locomotora
perforando la lluvia
con un aullido errante,
un lamento nocturno,
y luego
la puerta que temblaba;
el viento en una ráfaga
entraba con mi padre
y entre las dos pisadas y presiones
la casa

And so
this armored vegetable
men call an artichoke
ends its career
in peace.
Later,
scale by scale,
we strip
this delight
and dine on
the peaceful pulp
of its green heart.

keep reading

Father

Our rough father
comes home from his trains.
At night
we recognized
the sound of his engine
whistle
tunneling the rain
with a rootless yowl,
a dirge of night,
and later
the trembling door,
a gust of wind
blew my father in
and between footsteps and pressures,
the house

a Father is important in his children's eyes as I rule that's why my future husband must be a good man.

se sacudía,
las puertas asustadas
se golpeaban con seco
disparo de pistolas,
las escalas gemían
y una alta voz
recriminaba, hostil,
mientras la tempestuosa
sombra, la lluvia como catarata
despeñada en los techos
ahogaba poco a poco
el mundo
y no se oía nada más que el viento
peleando con la lluvia.

Sin embargo, era diurno.
Capitán de su tren, del alba fría,
y apenas despuntaba
el vago sol, allí estaba su barba,
sus banderas
verdes y rojas, listos los faroles,
el carbón de la máquina en su infierno,
la Estación con los trenes en la bruma,
y su deber hacia la geografía.

El ferroviario es marinero en tierra
y en los pequeños puertos sin marina
—pueblos del bosque—el tren corre que corre
desenfrenando la naturaleza,
cumpliendo su navegación terrestre.
Cuando descansa el largo tren
se juntan los amigos,
entran, se abren las puertas de mi infancia,

shook,
the terrified doors
slammed
in a dry explosion of shots,
the stairs groaned,
and a shrill, hostile voice
hurled reproaches
in storms of shadows
while torrents of rain
poured down on the roofs
and little by little
drowned the world,
till all we could hear
was wind brawling with rain.

Still, he came home every night.
Captain of his cab, of cold dawn.
And as soon as the dim sun rose,
there he was with his beard,
his green and red
signal flags, his oiled lanterns,
the coal stoked in its orange hell,
the station with boxcars deep in fog
and his duty to geography.

The railroad man is a sailor on land,
and in the little harbors without wharfs
—wilderness towns—the train races
without brakes through nature,
steering by land to harbor.
When the long line of coaches stops,
friends meet and enter,
the doors of my childhood open,

[handwritten marginalia:] He came home even though it was tough coming home to responsibilities after hard work at the job.

la mesa se sacude,
al golpe de una mano ferroviaria
chocan los gruesos vasos del hermano
y destella
el fulgor
de los ojos del vino.

Mi pobre padre duro
allí estaba, en el eje de la vida,
la viril amistad, la copa llena.
Su vida fué una rápida milicia
y entre su madrugar y sus caminos,
entre llegar para salir corriendo,
un día con más lluvia que otros días
el conductor José del Carmen Reyes
subió al tren de la muerte, y hasta ahora no ha vuelto.

the table shakes
from the blow of railroad fists
clinking the heavy cups of brotherhood
and light
explodes
in the dark red wine.

My poor tough father
was there at life's axle,
man's friendship, brimming cup.
His life was a fight at full steam
and between early risings and roadbeds
and rushing in later to rush out,
one day, when it rained more than ever,
conductor José del Carmen Reyes boarded death's train,
and he hasn't come home yet.

[handwritten margin notes: "strong & yet weak" and "life is a constant struggle"]

Manuel del Cabral

de *Mon dice cosas*

No vayas, soldado, al frente,
deja el rifle y el obús.
Que todos ganan la guerra,
menos tú.

El soldado lleva el peso
de la batalla en la tierra.
Muere el soldado, y el peso
se queda haciendo la guerra.

No vayas, soldado, al frente,
quédate aquí,
que tú defiendes a todos,
menos a ti.

Manuel del Cabral (1907–   ), Dominican Republic. Del Cabral uses popular rhythms in his poetry about his native countryside, the problems of blacks and of poor people. His books include *Trópico negro* (1942); *Compadre Mon* (1943); *Antología clave* (*1930–1956*) (1957) and *Los anti-tiempo* (1967).

from *Mon Speaks Out*

Soldier, don't go to the front,
leave your gun, and your mortar too,
for everyone wins the war
but you.

The soldier in this world
carries the weight of the war.
The soldier dies. And the weight . . .
goes on fighting the war.

Soldier, don't go to the front,
leave war alone,
for you defend everyone's life
but your own.

Sara de Ibáñez

Isla en la luz

Se abrasó la paloma en su blancura.
Murió la corza entre la hierba fría.
Murió la flor sin nombre todavía
y el fino lobo de inocencia oscura.

Murió el ojo del pez en la onda dura.
Murió el agua acosada por el día.
Murió la perla en su lujosa umbría.
Cayó el olivo y la manzana pura.

De azúcares de ala y blancas piedras
suben los arrecifes cegadores
en invasión de lujuriosas hiedras.

Cementerio de angélicos desiertos:
guarda entre tus dormidos pobladores
sitio también para mis ojos muertos.

Sara de Ibáñez (1910–   ), Uruguay. The author of *Hora ciega* (1943); *Artigas* (1951); *Las estaciones y otros poemas* (1957); *La batalla* (1967) and *Apocalipsis* (1970), de Ibáñez writes on metaphysical themes, using surrealist imagery but traditional meters.

Sara can write a pretty nice poem

Island in the Light

The dove caught fire from being white,
the doe died in the cold grass field,
the unnamed flower's fate was sealed,
the subtle wolf died, pure as night.

The fish-eye died in the hard swell,
and water, on which light had preyed,
the pearl died in its lustrous shade,
the pure apple and olive fell.

In sugars of white rocks and wing,
the dazzling reefs invade and rise
to where luxuriant creepers cling.

O graveyard of angelic sands,
reserve a niche for my dead eyes
among your sleeping settlers' bands.

Anónimo

La fiesta de la Candelaria

Ya se prepara la gente
de Calbuco y Puerto Montt,
lo mesmo en Castro y Achao
y en Ancud, pa la junción.
Ya levantan sus banderas
balandra, bote y vapor,
y en los despachos se vende
aguardiente del mejor.
La fiesta de la Candelaria

This ballad from Chiloé, a province of Chile where old traditions are still preserved, describes a popular island festival, held in the Chilean summer.

The Candlemas Feast

People are getting ready
in Castro and Puerto Montt,
Achao, Ancud and Calbuco[1]
for the Candlemas jaunt.
On sailboats, dories, launches,
the hoisted flags unfold,
while in the ticket depots,
strong brews are being sold.
It's Candlemas again,

---

[1] Towns in Chile. Ancud is the capital of Chiloé province and Puerto Montt of neighboring Llanquihue.

se celebra el día dos,
y es en el mes de febrero,
como el año que pasó.
La gente gran tripulina
arma con esta ocasión.
Se embarca con mucho gusto
para ir a la junción.
Unos van por cumplir manda,
otros por vender licor,
otros por echar su cueca
en aquella diversión.
En los botes y las lanchas
todo es una confusión:
gritan mujeres y chicos,
cada uno con más voz.
Hasta que, ya preparados,
manda muy fuerte el patrón:
"Surge tú pronto la vela;
marcha, vete al botalón!"
El viento es de travesía
y pega por el babor;
van esas lanchas tumbadas
y adentro gritan, "Adiós!"
Al llegar a Carelmapu
todo es una animación,
repican más las campanas
y comienza la junción.
La iglesia se llena al tiro
por oír misa y sermón,
por ver a la Candelaria
vestida con gran primor.
Y después, sobre el altar

the festival is here,
on February second,
the same day as last year.
Today the people come,
staggering with supplies,
and as they climb on board
pure joy lights up their eyes.
Some go to keep a vow
and some to sell alchohol
and some to dance the cueca[1]
all day until they fall.
In rowboats and in launches,
it's hard to hear a thing—
women and children yell
and the noise is deafening!
At last the hour has come,
the skipper gives a shout:
"We're off, men, raise the sail!
Boom room, ready abouuuut!"
A steady wind from starboard
and the loaded launches fly
while passengers on deck
call back to shore, "Goodbye!"
They land at Carelmapu
and what excitement there!
The church bells wildly ring
the beginning of the fair.
The church fills for the sermon
and people crane to see
how the Virgin of Candlemas
looks in her finery.
Afterwards on the altar

---

[1] Popular dance of Peru, Bolivia and Chile.

se forma un gran montón:
son los cariños que traen
los fieles con devoción.
De rodillas aquel hombre,
ahí se arrastra con dolor,
una vela en cada mano,
por cumplir lo que juró.
Aquélla, besando el suelo
con una grande aflicción,
al altar se va acercando
y ahí su manda cumplió.
En hombros sacan la Virgen
y más brillante que el sol,
dan la vuelta por el pueblo
y cantando una oración.
Y aquí concluye la fiesta
y viene otra diversión:
suenan todas las guitarras
y más chilla el acordión.
Las fritangas de empanadas
se las comen de un tirón;
venden sus quesos los huasos
y no abastece el licor.
Y comienzan las peleas,
y va y viene el bofetón;
y se echan las topiaduras
frente al macizo varón.
Y cuando se acaba el día,
todos, de un solo tirón
a embarcarse van de nuevo
hechos una compasión.
Las guitarras, sin sus cuerdas;
resollando el acordión,
botellas y pipería
ya sin pizca de licor.

and heaped up roundabout,
the people leave her tokens
to show they are devout.
This man who's dragged himself
until his knees are flayed,
a candle in both his hands,
fulfills the vow he's made.
This weeping woman kisses
the ground beneath her feet,
bends low before the altar,
and then her vow's complete.
The men who carry the Virgin,
more dazzling than the sun,
walk through the village singing
as soon as Mass is done.
Now the ritual's over
and people turn to play—
guitars are strummed and twanged,
accordions groan and sway.
Sizzling fried meat pies
vanish in one hot bite,
countrymen sell their cheeses
and liquor kegs grow light.
And now the trials begin,
men aim their blows with force,
to make the bravest rider
fall tumbling from his horse.
And when the feast is over
and the crowds of people start
to sail home altogether,
the scene would break your heart.
The guitars have lost their strings,
the accordions only wheeze,
the bottles and the barrels
are drained down to the lees.

Ya vuelven las lanchas todas
con muy fuerte ventarrón:
viene del Faro cargando
por la proa y estribor.
Y se arma otra vez a bordo
una horrible confusión;
mariada viene la gente
de tanto mar y licor.
Los ojos amoratados,
destrozado el pantalón,
y sin cobre el el bolsillo,
que todo allá lo jundió.
Las mesas vienen sin patas
y la artesa se quebro;
el sartén, sin pizca de mango,
todito se agujerió.
Muy tristes y pensativos
llegan al muelle en montón.
"De la fiesta ahora vengo,"
contestan a media voz
aquellos que antes gritaban
tan fuerte como un canón,
y así concluye la fiesta
hasta próxima ocasión.

The boats that are heading home
run into a gale wind now.
They round the lighthouse listing
hard on the starboard prow.
And back on deck again,
more muddle than you'd think—
the people throwing up
from too much sea and drink.
Dark circles around their eyes,
their trousers torn at the fair,
their pockets hanging out,
they left all they had back there!
The tables have lost their legs,
the kneading troughs have cracks,
the pans have lost their handles,
are riddled with holes and black.
Subdued and thoughtful now,
people arrive at the pier.
"I've come from the fair," they say,
so low you can hardly hear,
though their voices a while ago
roared like guns in your ear.
And so the festival ends—
at least until next year.

Octavio Paz

Himno entre ruinas
   donde espumoso el mar siciliano . . .
                              —GÓNGORA

Coronado de sí el día extiende sus plumas.
¡Alto grito amarillo,
caliente surtidor en el centro de un cielo
imparcial y benéfico!
Las apariencias son hermosas en esta su verdad momentánea.
El mar trepa la costa,
se afianza entre las peñas, araña deslumbrante;
la herida cárdena del monte resplandece;
un puñado de cabras es un rebaño de piedras;
el sol pone su huevo de oro y se derrama sobre el mar.
Todo es dios.
¡Estatua rota,
columnas comidas por la luz,
ruinas vivas en un mundo de muertos en vida!

Octavio Paz (1914–   ), Mexico. Paz, who has edited many anthologies, translated poetry and written critical essays, has also served as a diplomat in Asia and Europe. He is one of the poets best known outside Latin America. Among his collections of poetry are *La Estación violenta* (1958); *Libertad bajo palabra: obra poética* (1935–58); *Salamandra* (1962); *Viento entero* (1966); and *Ladera Este* (1969).

Hymn among Ruins

> *where the Sicilian sea, foaming . . .*
> —Góngora

Crowned with itself, the day spreads its feathers.
High yellow scream,
hot geyser at the center of an impartial,
beneficent sky!
Appearances are beautiful in this, their temporary truth.
The sea climbs the coast,
supports itself among the rocks, dazzling spider.
The opaline wound of the mountain glistens.
A fistful of goats is a flock of rocks.
The sun lays its golden egg and spills on the sea.
Everything is god.
Broken statue,
columns gnawed by light,
living ruins in a world of dead in life!

Cae la noche sobre Teotihuacán.
En lo alto de la pirámide los muchachos fuman marihuana,
suenan guitarras roncas.
¿Qué yerba, qué agua de vida ha de darnos la vida,
dónde desenterrar la palabra,
la proporción que rige al himno y al discurso,
al baile, a la ciudad y a la balanza?
El canto mexicano estalla en un carajo,
estrella de colores que se apaga,
piedra que nos cierra las puertas del contacto.
Sabe la tierra a tierra envejecida.

Los ojos ven, las manos tocan.
Bastan aquí unas cuantas cosas:
tuna, espinoso planeta coral,
higos encapuchados,
uvas con gusto a resurrección,
almejas, virginidades ariscas,
sal, queso, vino, pan solar.
Desde lo alto de su morenía una isleña me mira,
esbelta catedral vestida de luz.
Torres de sal, contra los pinos verdes de la orilla
surgen las velas blancas de las barcas.
La luz crea templos en el mar.

Nueva York, Londres, Moscú.
La sombra cubre al llano con su yedra fantasma,
con su vacilante vegetación de escalofrío,
su vello ralo, su tropel de ratas.
A trechos tirita un sol anémico.
Acodado en montes que ayer fueron ciudades, Polifemo bosteza.

Night falls on Teotihuacán.[1]
On the pyramid's summit, boys smoke marijuana,
strum raucous guitars.
What herb, what elixir will give us life?
Where will we dig up the word,
the measure that governs the discourse, the hymn,
the dance, the city, and the balance?
Mexican music explodes in a curse,
a star of colors that fizzles out,
a stone that shuts our doors of contact.
The earth tastes of decaying earth.

The eyes see, the hands touch.
Here a few things are sufficient:
the prickly pear, the spiny coral planet,
hooded figs,
grapes with their savor of resurrection,
clams, stubborn virginities,
salt, cheese, wine, solar bread.
From the height of her darkness, an island girl stares down,
slim cathedral clothed in light.
The boats' white sails rear like towers of salt
against the green pines that ring the bay.
The light composes temples on the sea.

New York, London, Moscow.
Shadow carpets the plain with its phantom ivy,
wavering plant growth of chills,
sparse fuzz, turmoil of rats.
A bloodless sun fitfully shivers.

---

[1] A religious center, "the home of the gods," famous for its pyramids and temples, to the east of Mexico City.

Abajo, entre los hoyos, se arrastra un rebaño de hombres.
(Bípedos domésticos, su carne
—a pesar de recientes interdicciones religiosas—
es muy gustada por las clases ricas.
Hasta hace poco el vulgo los consideraba animales impuros.)

Ver, tocar formas hermosas, diarias,
Zumba la luz, dardos y alas.
Huele a sangre la mancha de vino en el mantel.
Como el coral sus ramas en el agua
extiendo mis sentidos en la hora viva:
el instante se cumple en una concordancia amarilla,
¡oh mediodía, espiga henchida de minutos,
copa de eternidad!

Mis pensamientos se bifurcan, serpean, se enredan,
recomienzan,
y al fin se inmovilizan, ríos que no desembocan,
delta de sangre bajo un sol sin crepúsculo.
¿Y todo ha de parar en este chapoteo de aguas muertas?

¡Día, redondo día,
luminosa naranja de veinticuatro gajos,
todos atravesados por una misma y amarilla dulzura!
La inteligencia al fin encarna,
se reconcilian las dos mitades enemigas
y la conciencia-espejo se licúa,
vuelve a ser fuente, manantial de fábulas:
Hombre, árbol de imágenes,
palabras que son flores que son frutos que son actos.

Propping himself on the hills of yesterday's cities, the Cyclops[1] yawns.
Below, a flock of men crawl through the craters.
(Domestic bipeds, their flesh—
despite recent religious prohibitions—
is relished by the wealthy classes.
Until lately, the public judged them unclean beasts.)

To see, to touch lovely, diurnal forms.
The light buzzes: darts and wings.
The stain of wine on the tablecloth smells of blood.
As the coral extends its limbs in water,
I stretch my senses in the living hour.
The instant is fulfilled in yellow harmony.
Oh noon, wheat-ear swollen with minutes,
cup of eternity!

My thoughts divide, meander, merge
and flow again,
and are finally stanched, mouthless rivers,
delta of blood below a sun that never sinks.
And must everything end in this splash of dead waters?

Day, circular day,
shining orange with twenty-four segments,
all transfused with a single yellow sweetness!
Intelligence is finally incarnate in forms.
The two hostile halves are reconciled
and conscience-mirror liquefies.
It becomes once more the spring, source of myths:
Man, tree of images,
words that are flowers that are fruits that are acts.

---

[1] In Greek mythology, one-eyed cannibal giants. Homer tells the story of the Cyclops Polyphemus, who was outwitted by Odysseus.

Madrugada

Rápidas manos frías
Retiran una a una
Las vendas de la sombra
Abro los ojos
           Todavía
Estoy vivo
        En el centro
De una herida todavía fresca.

Agua nocturna

La noche de ojos de caballo que tiemblan en la noche,
la noche de ojos de agua en el campo dormido,
está en tus ojos de caballo que tiembla,
está en tus ojos de agua secreta.

Ojos de agua de sombra,
ojos de agua de pozo,
ojos de agua de sueño.

El silencio y la soledad,
como dos pequeños animales a quienes guía la luna,
beben en esos ojos,
beben en esas aguas.

Dawn

Cold rapid hands
rip one by one
the bandages off darkness
My eyes open
                    I am still
alive
        at the center
of a wound still raw

Night Water

The night of the eyes of the horse trembling in night,
the night of the water's eyes in the sleeping field,
are in your eyes of a horse that trembles,
are in your eyes of secret water.

Eyes of the water of shadow,
eyes of water of the well,
eyes of the water of dream.

Loneliness and shadow,
like two small creatures guided by the moonlight,
drink in those eyes,
drink in those waters.

[handwritten annotations:] Dawn is sort of an awakening a call to arise (get up!) & get going there is another day to live in this life

Si abres los ojos,
se abre la noche de puertas de musgo,
se abre el reino secreto del agua
que mana del centro de la noche.

Y si los cierras,
un río, una corriente dulce y silenciosa,
te inunda por dentro, avanza, te hace oscura:
la noche moja riberas en tu alma.

Piedra nativa

La luz devasta las alturas
Manadas de imperios en derrota
El ojo retrocede cercado de reflejos

Países vastos como el insomnio
Pedregales de hueso

Otoño sin confines
Alza la sed sus invisibles surtidores
Un último pirú predica en el desierto

Cierra los ojos y oye cantar la luz:
El mediodía anida en tu tímpano

Cierra los ojos y ábrelos:
No hay nadie ni siquiera tú mismo
Lo que no es piedra es luz.

If you open your eyes,
you open the night with its doors of moss,
you open the secret country of water
that springs from the center of night.

And if you close them,
a river, a silent, gentle current
floods you inside, flows on, and darkens you.
The night bathes the river banks of your soul.

Native Stone

Light lays waste to the sky
Flocks of defeated empires
Besieged by reflections, the eye retreats

Countries as vast as insomnia
Stone expanses of bone

Unbounded autumn
Thirst raises high its invisible springs
In the desert a last pirú tree[1] preaches

Shut your eyes and listen to the light that sings:
Noon is building its nest in your eardrum

Shut your eyes, and open them:
There is no one, not even you
Whatever is not stone is light.

---

[1] A Central American tree.

Aquí

Mis pasos en esta calle
Resuenan
   En otra calle
Donde
   Oigo mis pasos
Pasar en esta calle
Donde
Sólo es real la niebla.

Pares y nones

Una palabra de poco peso
Para saludar al día
Una palabra de vuelo a vela
   ¡Ah!

Grandes ojeras
En tu cara todavía es de noche

Invisible collar de miradas
A tu garganta encadenadas

Mientras los periódicos
Se deshojan
Tú te cubres de pájaros

Here

My footsteps in this street
are echoing
              In another street
in which
             I hear my footsteps
walking down this street
in which
only the mist is real

Odds or Evens

A lightweight word
to meet the day
A word in flight under sail
          Ah!

Dark rings
On your face it's still night

Fastened around your throat
an invisible necklace of looks

While newspaper leaves fall
stripped
you hedge yourself in birds

Entre mis brazos
     Y
Entre tus piernas
     Estamos
Como el agua en el agua

Como el agua que guarda el secreto

Una mirada te enlaza
Otra te desenlaza
La transparencia te desvanece

Tus dos pechos entre mis manos
Agua otra vez despeñada

De un balcón
       (El abanico)
A otro balcón
       (Se abre)
Salta el sol
       (Y se cierra)

Between my arms
and
your legs we are
like
water in water

Like water that guards its secret

A look links you
Another unlinks you
The clearness makes you disappear

Your breasts in my hands
Water cascading again from a height

From one balcony
                (The fan)
to another balcony
                (opens)
the sun leaps across
                (and shuts)

*sounds & look
Gamrkar
Earl ?
0*

*I think this
poem is talking
about a man & woman
who were in bed all night
holding each other & making love*

Nicanor Parra

Recuerdos de juventud

Lo cierto es que yo iba de un lado a otro,
a veces chocaba con los árboles,
chocaba con los mendigos,
me abría paso a través de un bosque de sillas y mesas,
con el alma en un hilo veía caer las grandes hojas.
Pero todo era inútil,
cada vez me hundía más y más en una especie de jalea;
la gente se reía de mis arrebatos,
los individuos se agitaban en sus butacas como algas movidas por las olas
y las mujeres me dirigían miradas de odio
haciéndome subir, haciéndome bajar,
haciéndome llorar y reír en contra de mi voluntad.

Nicanor Parra (1914–   ), Chile. A professor of theoretical physics in Santiago, Parra writes what he calls antipoetry, verse stripped of ornamentation and imagery, or traditional poetry "enriched by surrealist sap." *Poemas y antipoemas*, which appeared in 1954, was followed by *La cueca larga* (1958); *Versos de salón* (1962); and *Canciones rusas* (1967).

Memories of Adolescence

The truth is I drifted from side to side,
at times I banged into trees,
at times I bumped into beggars.
I blazed a trail through a wilderness of tables and chairs,
and my soul on a thread, watched the big leaves fall.
It was all useless.
Each time I sank deeper into a sort of jelly;
everyone chuckled at my paroxysms,
individuals stirred in armchairs like seaweed towed by the waves,
and women nailed me with looks of hatred,
that forced me to rise, forced me to sink,
forced me to laugh and cry against my will.

I feel this way — that I am an adolescent awkward clumsy girl fearfully & awkwardly making my way into adulthood & womanhood — I don't know what to do!

269

De todo esto resultó un sentimiento de asco,
resultó una tempestad de frases incoherentes,
amenazas, insultos, juramentos que no venían al caso,
resultaron unos movimientos agotadores de caderas,
aquellos bailes fúnebres
que me dejaban sin respiración
y que me impedían levantar cabeza durante días,
durante noches.

Yo iba de un lado a otro, es verdad,
mi alma flotaba en las calles
pidiendo socorro, pidiendo un poco de ternura;
con una hoja de papel y un lápiz yo entraba en los cementerios,
dispuesto a no dejarme engañar.
Daba vueltas y vueltas en torno al mismo asunto,
observaba de cerca las cosas
o en un ataque de ira me arrancaba los cabellos.

De esa manera hice mi debut en las salas de clases,
como un herido a bala me arrastré por los ateneos,
crucé el umbral de las casas particulares,
con el filo de la lengua traté de comunicarme con los espectadores:
ellos leían el periódico
o desaparecían detrás de un taxi.
¡Adónde ir entonces!
A esas horas el comercio estaba cerrado;
yo pensaba en un trozo de cebolla visto durante la cena
y en el abismo que nos separa de los otros abismos.

The natural result was a feeling of nausea,
a storm of stuttered phrases,
insults, threats, pointless swear words,
and various exhausting pelvic wriggles,
funereal dances,
that left me panting,
unable to lift my head for days
and nights.

I drifted back and forth, it's true,
my soul was wafted down the streets,
begging for help, for a crumb of compassion:
armed with a pencil and sheet of paper, I entered graveyards,
ready not to be taken in.
I circled around and around the same point,
I studied objects in detail
or tore out my hair in a fit of rage.

And that's how I made my classroom debut.
I dragged myself to symposiums like a man with a slug in his chest.
I crossed the thresholds of private houses
and tried to communicate by backbiting with my audience:
who went on reading the headlines
or vanished behind a taxi.
So where could I go?
All the shops were shut at that hour.
I remembered a slice of onion I'd noticed at dinner,
and the chasm dividing us from other chasms.

Juan José Arreola

Metamorfosis

Como un meteoro capaz de resplandecer con luz propia a mediodía, como un joyel que contradice de golpe a todas las moscas de la tierra que cayeron en un plato de sopa, la mariposa entró por la ventana y fue a naufragar directamente en el caldillo de lentejas.

Deslumbrado por su fulgor instantáneo (luego disperso en la superficie grasienta de la comida grasera), el hombre abandonó su rutina alimenticia y se puso inmediatamente a restaurar el prodigio. Con paciencia maniática recogió una por una las escamas de aquel tejado infinitesimal, reconstruyó de memoria el dibujo de las alas superiores e inferiories, devolviendo su gracia primitiva a las antenas y a las patitas, vaciando y rellenando el abdomen hasta conseguir la cintura de avispa que lo separa del tórax, eliminando cuidadosamente en cada partícula preciosa los más ínfimos residuos de manteca, desdoro y humedad.

Juan José Arreola (1918–   ), Mexico. An accomplished short story writer and dramatist, Arreola writes imaginative prose poems, the best of which are collected in *Confabulario total* (1941–61). He has also published *La feria* (1963).

Metamorphosis

Like a meteor that can shine at noon by the light it emits, like a jewel that suddenly gives the lie to all the flies on earth that have fallen in a bowl of soup, the butterfly flew in the window and was straightaway shipwrecked in the lentil broth.

Blinded by its sudden brilliance (afterwards dispersed on the greasy surface of the greasy meal), the man forgot his table manners and promptly settled down to re-create the miracle. With maniacal patience, he collected one by one the scales of that infinitesimal tiled roof, reconstructed from memory the plan of the upper and lower wings, restored to the antennae and the minuscule feet their original charm, drained and refilled the abdomen until he managed to form the wasp waist that divides it from the thorax, and carefully strained from each precious particle the least residue of lard, stain or liquid.

La sopa y la vida conyugal se enfriaron definitivamente. Al final de la tarea, que consumió los mejores años de su edad, el hombre supo con angustia que había disecado un ejemplar de mariposa común y corriente, una *Aphrodita vulgaris maculata* de esas que se encuentran a millares, clavadas con alfileres, en toda la gama de sus mutaciones y variantes, en los más empolvados museos de historia natural y en el corazón de todos los hombres.

Soup and married life cooled off for good. When he finished his labor, which ate up the best years of his life, the man realized with anguish that he had dissected a common everyday specimen, an *Aphrodita vulgatis maculata,* a butterfly that exists by the thousands, in the gamut of its mutations and variations, mounted on pins in the dustiest museums of natural history, and in the hearts of all men.

weird poem / short story huh!?

Cintio Vitier

La luz del Cayo

Una luz arrasada de ciclón,
aquella misma luz que vi de niño
en las mañanas nupciales del miedo,
estaba esperándome aquí, pero aún más pobre,
más secreta y huraña todavía,
como si no hubiera lámpara capaz
de agrupar nuestras sombras dispersadas,
ni pudiera la abuela regresar con aquel vaso
de espumoso chocolate hasta mi cama
para decir: la dicha existe, la inminencia
es un tren que estremece las maderas
cargado de luces y dulzura.

Cintio Vitier (1921-   ), Cuba. Vitier was born in Key West, Florida. With his wife, Fina García Marruz, José Lezama Lima and Eliseo Diego, he founded the Cuban journal *Orígenes*. His books of poems include *Extrañeza de estar* (1945); *Capricho y homenaje* (1947); *El hogar y el olvido pródigo* (1953); *Vísperas* (1953) and *Testimonios* (1968).

Key West Light

A hurricane's leveling light,
the same light I saw as a child
on the nuptial mornings of fear,
but even poorer, more withdrawn and secretive,
was waiting here, as if no lamp
were bright enough to summon
our scattered shadows, nor could my grandmother
come to my bedside again
with that glass of foaming chocolate
to say, "Good luck exists, Time coming
is a freight train that rattles the ties,
loaded with lights and sweetness."

Por las calles oculto yo corría
gritando como un pino indominable,
destellando la honda piedra de presagios,
discutiendo silencioso con las nubes,
a comprar un martillo y unos clavos
para clavar la casa contra el miedo,
y al fin huíamos del mar, en orden, por los campos
buscando el ojo del ciclón que nos miraba
como un animal remoto y triste.

Esa luz está aquí, ya sin peligro,
toda exterior y plana, establecida
en la absoluta soledad del Cayo,
pura intemperie de mi ser, diciéndome:
no queda nada, no era nada,
no tengas miedo, ni esperes otras nupcias,
arde tranquilo como yo, árida y sola,
no esperes nada más, ésta es la gloria
que aguardaba y merece (único amparo)
tu flor desierta.

Darkly I ran through the streets,
howling like an unconquerable pine,
flashing the deep gem of omens,
silently arguing with the clouds,
to buy me a hammer and some nails
and batten our home against fear. And at last
we fled the sea through the open fields,
in order, searching the hurricane's eye
that saw us like a sad and distant animal.

That light, now harmless, is here,
wholly external, unwavering, moored
to the absolute solitude of the Key,
clear storm of my being that says,
"It passed, it was nothing, don't fear,
or wait for other weddings now,
burn tranquil like me, barren, alone,
don't hope for more. This is the glory
(the only protection) your desolate flower
awaited and is due."

Ernesto Cardenal

Epigrama

La Guardia Nacional anda buscando a un hombre.
Un hombre espera esta noche llegar a la frontera.
El nombre de ese hombre no se sabe.
Hay muchos hombres más enterrados en una zanja.
El número y el nombre de esos hombres no se sabe.
Ni se sabe el lugar ni el número de las zanjas.
La Guardia Nacional anda buscando a un hombre.
Un hombre espera esta noche salir de Nicaragua.

Ernesto Cardenal (1925–   ), Nicaragua. Cardenal studied in Mexico and the United States. He took part in the April 1954 rebellion against the Nicaraguan dictator Somoza and later entered a Trappist monastery in Kentucky as a novice under Thomas Merton. Since 1966, Cardenal has lived in the Catholic retreat he founded on a remote island off the Nicaraguan coast. His published books include *La ciudad deshabitada* (1946); *Proclama del conquistador* (1947); *Hora O, epigramas* (1961); *Oración por Marilyn Monroe y otros poemas* (1965).

Epigram

The National Guard is hunting for a man.
Tonight a man hopes to cross the border.
No one knows his name.
There are many others buried in a ditch.
No one knows how many or their names.
Nor where and how many the ditches are.
The National Guard is hunting for a man.
Tonight a man hopes to leave Nicaragua.

La hora 0

... En abril, en Nicaragua, los campos están secos.
Es el mes de las quemas de los campos,
del calor, y los potreros cubiertos de brasas,
y los cerros que son de color de carbón;
del viento caliente, y el aire que huele a quemado,
y de los campos que se ven azulados por el humo
y las polvaredas de los tractores destroncando;
de los cauces de los ríos secos como caminos
y las ramas de los palos peladas como raíces;
de los soles borrosos y rojos como sangre
y las lunas enormes y rojas como soles,
y las quemas lejanas, de noche, como estrellas.

En mayo llegan las primeras lluvias.
La hierba tierna renace de las cenizas.
Los lodosos tractores roturan la tierra.
Los caminos se llenan de mariposas y de charcos,
y las noches son frescas, y cargadas de insectos,
y llueve toda la noche. En mayo
florecen los malinches en las calles de Managua.
Pero abril en Nicaragua es el mes de la muerte.
En abril los mataron.
Yo estuve con ellos en las rebelión de abril
y aprendí a manejar una ametralladora Rising.
                    Y Adolfo Báez Bone era mi amigo:
lo persiguieron con aviones, con camiones,
con reflectores, con bombas lacrimógenas,
con radios, con perros, con guardias;
y yo recuerdo las nubes rojas sobre la Casa Presidencial
como algodones ensangrentados,
y la luna roja sobre la Casa Presidencial.

Zero Hour

. . . April in Nicaragua, the fields are dry.
It's the month of fires on the range,
of heat, of grassland shrouded by red coals,
of hills the color of slag,
of sizzling wind, air that smells scorched,
of meadows dyed blue from smoke
and dust clouds from bulldozers clearing,
of dried-up river beds like roads,
and twigs like roots on the cropped stalks:
of suns clotted and red like blood,
of red, enormous moons like suns, and at night,
fires in the distance, like stars.

May, and the first rains fall.
The soft grass shoots from the cinders.
Muddy tractors churn the soil.
The roads are full of butterflies and puddles,
the nights are cool, charged with insects,
and it pours all night. In May,
the malinche[1] blooms in Managua streets.
But April in Nicaragua is the death month.
In April they were murdered.
I was with them in the April rebellion,
and I learned how to shoot a Rising automatic
                        and Adolfo Báez Bone was my friend.
They tracked him with planes, trucks,
searchlights, tear gas,
short-wave radios, dogs, policemen:
and I remember the red clouds over the President's House,
like bloody tufts of cotton,
and the red moon over the President's House.

---

[1] National flower of Nicaragua.

La radio clandestina decía que vivía.
El pueblo no creía que había muerto.
(Y no ha muerto.)
Porque a veces nace un hombre en una tierra
que es esa tierra.
Y la tierra en que es enterrado ese hombre
es ese hombre.
Y los hombres que después nacen en esa tierra
son ese hombre.
Y Adolfo Báez Bone era ese hombre.

. . . Los perros de la prisión aullaban de lástima.
Los vecinos de los cuarteles oían los gritos.
Primero era un grito solo en mitad de la noche,
y después más gritos y más gritos
y después un silencio . . . Después una descarga
y un tiro solo. Después otro silencio,
y una ambulancia.
Y en la cárcel otra vez están aullando los perros!
El ruido de la puerta de hierro que se cierra
detrás de vos y entonces empiezan las preguntas
y la acusación, la acusación de conspiración
y la confesión, y después las alucinaciones,
la foto de tu esposa relumbrando como un foco
delante de vos y las noches llenas de alaridos
y de ruidos y de silencio, un silencio sepulcral,
y otra vez la misma pregunta, la misma pregunta,
y el mismo ruido repetido y el foco en los ojos
y después los largos meses que siguieron.
Ah poder acostarse uno esta noche, en su cama
sin temor a ser levantado y sacado de su casa,
a los golpes en la puerta y al timbre de noche!

The underground radio said he lived.
The people wouldn't believe he'd died.
                    (And he isn't dead.)
Because sometimes a man who's born on the earth
                    is that earth.
And the earth where that man is buried
                    is that man.
And the men who are later born on that earth
                    are that man.
And that man was Adolfo Báez Bone. . . .

. . . The prison dogs bayed in pity.
Neighbors around the barracks heard the screams.
First a single scream deep in the night
and then more screams, more screams
and then a silence. . . . A burst of bullets
and a lone shot. Then silence
                    and an ambulance.
And the dogs are barking in the jail again.
The clang of the iron door as it closes
behind you and the grilling begins,
the accusation, the charge of conspiracy,
the confession, and later, hallucinations,
your wife's photograph a spotlight
blinding you, and the nights loaded with shrieks
sounds and silence, a deathly silence,
and the same question, the same words, the same
sounds over and over, the light in your eyes,
and then the endless months that follow.
Oh to be able to sleep on your bed tonight,
without the fear they'll wake you and drag you off,
of hammering fists and the night bell's buzz!

Suenen tiros en la noche, o parecen tiros.
Pasan pesados camiones, y se paran,
y siguen. Uno ha oído sus voces.
Es en la esquina. Estarán cambiando de guardia.
Uno ha oído sus risas y sus armas.
El sastre de enfrente ha encendido la luz.
Y pareció que golpearon aquí. O donde el sastre.
Quién sabe si esta noche vos estás en la lista!
Y sigue la noche. Y falta mucha noche todavía.
Y el día no será sino una noche con sol.
La quietud de la noche bajo el gran solazo.

Shots whine in the night, sounds like shots.
Heavy trucks roll up, pause
and rumble on. You've heard their noise.
Around the block. They're changing the guard.
The tailor's light goes on across the street.
Sounds as if they knocked here. Or at the tailor's.
Who knows if you're on the list tonight!
And night drags on. And so much night to go.
And day will be only a sunlit night.
The stillness of night under the sun's searchlight. . . .

Jaime Sabines

Algo sobre la muerte del mayor Sabines

I

Mientras los niños crecen, tú, con todos los muertos
poco a poco te acabas.
Yo te he ido mirando a través de las noches
por encima del mármol, en tu pequeña casa.
Un día ya sin ojos, sin nariz, sin orejas,
otro día sin garganta,
la piel sobre tu frente, agrietándose, hundiéndose,
tronchando oscuramente el trigal de tus canas.
Todo tú sumergido en humedad y gases
haciendo tus deshechos, tu desorden, tu alma,
cada vez más igual tu carne que tu traje,
más madera tus huesos y más huesos las tablas.

Jaime Sabines (1925–   ), Mexico. Sabines earns his living as a businessman. He is the author of five volumes of poetry, *Horal* (1950); *La señal* (1950); *Tarumba* (1956); *Diario seminario y poemas en prosa* (1961); and *Recuento de poemas* (1962).

Words on the Death of Sabines Senior

I

While the children grow, you with all the dead
gradually flicker out.
Across the nights I've watched you,
for all the marble, in your little house,
minus one day your eyes, nose, ears,
the next, your throat.
The skin on your forehead cracked, caved in,
harvesting darkly your white-haired field.
Your whole submerged in gas and dampness,
building your ruin, disorder, soul,
each time your flesh more like your suit,
your bones more wood, the boards more bone.

Tierra mojada donde había una boca,
aire podrido, luz aniquilada,
el silencio tendido a todo tu tamaño
germinando burbujas bajo las hojas de agua.
(Flores dominicales a dos metros arriba
te quieren pasar besos y no te pasan nada.)

2

Mientras los niños crecen y las horas nos hablan,
tú, subterráneamente, lentamente, te apagas.
Lumbre enterrada y sola, pabilo de la sombra,
veta de horror para el que te escarba.

¡Es tan fácil decirte "padre mío"
y es tan difícil encontrarte, larva
de Dios, semilla de esperanza!
Quiero llorar a veces, y no quiero
llorar porque me pasas
como un derrumbe, porque pasas
como un viento tremendo, como un escalofrío
debajo de las sábanas,
como un gusano lento a lo largo del alma.
¡Si sólo se pudiera decir: "Papá, cebolla,
polvo, cansancio, nada, nada, nada!"
¡Si con un trago se tragara!
¡Si con este dolor te apuñalara!
¡Si con este desvelo de memorias
—herida abierta, vómito de sangre—
te agarrara la cara!
Yo sé que tú ni yo,
ni un par de valvas,
ni un becerro de cobre, ni unas alas
sosteniendo la muerte, ni la espuma
en que naufraga el mar, ni—no—las playas,

Wet mold that once was mouth,
bad air, snuffed light,
silence the shroud of your stature
spawning bubbles under leaves of water.
(Six feet up, the Sunday flowers want to send you
kisses, but nothing trickles down.)

2

While the children grow and the hours speak to us,
slowly, under the soil, you flicker out.
Lonely, buried spark, wick of shadow,
lode of horror for your excavator.

It's so simple to say, "my father,"
and it's so hard to find you, God's
larva, seed of hope!
Sometimes I want to weep, and I don't want to,
because you sweep by me
like an avalanche, you pass me
like a cyclone, like a shiver
under sheets,
like a slow grub my soul's length.
If one could only cry, "Daddy, onion, dust,
exhaustion, nothing, nothing, nothing!"
If I could swallow you in one gulp,
if I could stab you with this pain,
if with this wake of memories
—open sore, bloody spew—
I could cling to your face!
I know not you nor I,
not the bivalve
nor the copper calf, not the wings
that hold up death, nor the spray
in which the sea is smashed—no, not the shores,

la arena, la sumisa piedra con viento y agua
ni el árbol que es abuelo de su sombra,
ni nuestro sol, hijastro de sus ramas,
ni la fruta madura, incandescente,
ni la raíz de perlas y de escamas,
ni tu tío, ni tu chozno, ni tu hipo,
ni mi locura, y ni tus espaldas,
sabrán del tiempo oscuro que nos corre
desde las venas tibias a las canas.

(Tiempo vacío, ampolla de vinagre,
caracol recordando la resaca.)
He aquí que todo viene, toda pasa,
todo, todo, se acaba.
¿Pero tú? ¿pero yo? ¿pero nosotros?
¿para qué levantamos la palabra?
¿de qué sirvió el amor?
¿cuál era la muralla
que detenía la muerte? ¿dónde estaba
el niño negro de tu guarda?
Angeles degollados puse al pie de tu caja,
y te eché encima tierra, piedras, lágrimas,
para que ya no salgas, para que no salgas.

the sands, the rocks subdued by winds and waves,
the tree that's grandfather of its shade,
our sun, the stepchild of its limbs,
not the ripe and glowing fruit,
nor the root of pearl and scales,
not your uncle, your descendant, your desire,
not my madness nor your back
will sense dark time that flows
from our lukewarm veins to our white hairs.

(Empty time, cruet of vinegar,
snail retracing the undertow.)
See how everything comes, passes,
everything, everything goes.
But you? But I? But we?
Why did we raise up the word?
What was the use of love?
Which was the wall
that held back death? Where
was the black child on your guard?
At the foot of your grave I put guillotined angels,
and I flung earth, stones, tears on you,
so you won't come out, you won't come out.

Blanca Varela

Las cosas que digo son ciertas

Un astro estalla en una pequeña plaza y un pájaro pierde los ojos
y cae. Alrededor de él los hombres lloran y ven llegar la nueva
estación. El río corre y arrastra entre sus fríos
y confusos brazos la oscura materia acumulada por años y
años detrás de las ventanas.

Un caballo muere y su alma vuela al cielo sonriendo con
sus grandes dientes de madera manchada por el rocío. Más tarde, entre
los ángeles, le crecerán negras y sedosas alas con que espantar a
  las moscas.

Todo es perfecto. Estar encerrado en un pequeño cuarto de hotel,
estar herido, tirado e impotente, mientras afuera
cae la lluvia dulce, inesperada.

Blanca Varela (1926–   ), Peru. Blanca Varela, whose books include *Ese puesto existe* (1959), writes surrealist poetry governed by a fine sense of irony.

What I Say Is True

A star explodes in a little square, a bird loses its sight
and falls. Around it, men weep and watch the turning
of the new season. The river runs and drags among its cold,
tangled arms the dark drift heaped up behind the windows
by the years.

A horse dies, and its soul mounts to the sky, grinning
with huge dew-stained wooden teeth. Among the angels, later,
it will grow black silk wings to flick away the flies.

Everything's perfect. To be locked in a small hotel room,
hurt, cast off or impotent. While through the windowpanes,
the gentle rain drips unexpectedly.

¿Qué es lo que llega, lo que se precipita desde arriba
y llena de sangre las hojas y de dorados escombros las calles?

Sé que estoy enfermo de un pesado mal, lleno de un agua
amarga, de una inclemente fiebre que silba y espanta
a quien la escucha. Mis amigos me dejaron, mi loro ha
muerto ya, y no puedo evitar que las gentes y los animales huyan
    al mirar
el terrible y negro resplandor que deja mi paso en las calles.
He de almorzar solo siempre. Es terrible.

What's that? What hurls itself down from the sky to fill
the leaves with blood, the streets with golden rubbish?

I know I suffer from a gloomy plague, swollen with bitter
water, a pitiless, whistling fever that frightens off
whomever hears it. My friends have deserted me, my parrot
is dead, I can't stop men and beasts from rushing off, aghast
    with terror when they see
the terrible black shimmer my footsteps leave on the streets.
I'll always have to eat lunch alone. How ghastly.

Carlos Germán Belli

En vez de humanos dulces

En vez de humanos dulces,
por qué mis mayores no existieron
cual piedra, cual olmo, cual ciervo,
que aparentemente no disciernen
y jamás a uno dicen:
"no dejes este soto,
en donde ya conoces
de dó viene el cierzo, a dó va el noto."

Carlos Germán Belli (1927–   ), Peru. Belli works as a professional translator in the Senate in Lima. His best known book is O *hada cibernética!* (1962), from which these poems are taken. A collection of his poetry, *El pie sobre el cuello,* was published in 1967.

Instead of Gentle Human Beings

Instead of gentle human beings,
why weren't my forefathers
like rock, elm, deer
which apparently don't distinguish
and never say,
"Don't quit this grove
in which you've already learned
where the cold wind comes from, where the warm wind goes."

Papá, mamá

Papá, mamá,
para que yo, Pocho y Mario
sigamos todo el tiempo en el linaje humano,
cuánto luchásteis vosotros
a pesar de los bajos salarios del Perú,
y tras de tanto tan sólo me digo:
"venid, muerte, para que yo abandone
este linaje humano,
y nunca vuelva a él,
y de entre otros linajes escoja al fin
        una faz de risco,
        una faz de olmo,
        una faz de buho."

Papa, Mama

Papa, Mama,
so Pocho, Mario and I
can always go on being members of mankind,
how hard you two struggled
despite the wretched wages of Peru,
and after so much I can only say,
"Come, death, so I can leave mankind
behind me
and never return to it
and choose among other orders, at last,
            a rock front,
            an elm front,
            an owl front."

Enrique Lihn

Recuerdos de matrimonio

Buscábamos un subsuelo donde vivir,
cualquier lugar que no fuera una casa de huéspedes. El
                        paraíso perdido
tomaba ahora su verdadero aspecto: uno de esos pequeños
                        departamentos
que se arriendan por un precio todavía razonable;
pero a las seis de la mañana. "Ayer, no más, lo tomó un
                        matrimonio joven."
Mientras íbamos y veníamos en la oscuridad en direcciones capciosas.
El hombre es un lobo para el hombre y el lobo una dueña
                        de casa de pensión con los
                        dientes cariados, húmeda en las
                        axilas, dudosamente viuda.
Y allí donde el periódico nos invitaba a vivir se alzaba un
                        abismo de tres pisos:
un nuevo foco de corrupción conyugal.

Enrique Lihn (1929–   ), Chile. Lihn won the Casa de las Américas prize in 1966 for his book *Poesía de paso, la derrota y otros poemas.* He has also published *Poemas de este tiempo y otro* (1955); *La pieza oscura* (1963); and *La musiquilla de las pobres esferas.*

Souvenirs of Marriage

We were looking for a basement to live in,
for anywhere that wasn't a boarding house. Paradise Lost
began to reveal itself for what it was—one of those little
                        apartments
to be had at a reasonable rent
but at six in the morning. ". . . just yesterday taken by
                        a young couple . . ."
Meanwhile we wandered in the dark, in misleading directions.
Man is a wolf to man, and the wolf is the landlady
                  of a boarding house, with
                  rotten teeth and sweaty
                  armpits, dubiously widowed.
And right where the papers begged us to live, a three-story
                  abyss was being raised,
a new center of marital corruption.

[handwritten margin note: funny & disgusting ? o]

303

Mientras íbamos y veníamos en la oscuridad, más distantes el
                uno del otro a cada paso,
ellos ya estaban allí, estableciendo su nido sobre una base
                sólida,
ganándose la simpatía del conserje, tan hosco con los extraños
como ansioso de inspirarles gratitud filial.
"No se les habrá escapado nada. Seguramente el nuevo ascensorista
                recibió una propina."
"La pareja ideal." A la hora justa. En el momento oportuno.
De ellos, los invisibles, sólo alcanzábamos a sentir su futura
                presencia en un cuarto vacío:
nuestras sombras tomadas de la mano entre los primeros brotes
                del sol en el parquet,
un remanso de blanca luz nupcial.

"Pueden verlo, si quieren,
pero han llegado tarde."
Se nos hacía tarde.
Se hacía tarde en todo.
Para siempre.

While we wandered in the dark, each step adding to the
$\qquad\qquad$ distance between us,
they'd already moved, established their love nest on a firm
$\qquad\qquad$ foundation,
bribed the super, as surly with strangers as he was anxious
to inspire them with filial gratitude.
"They won't have forgotten a thing. They obviously even tipped
$\qquad\qquad$ the new elevator boy."
"The ideal couple." Just on time. At the opportune moment.
All we sensed of them, the invisible pair, was their future
$\qquad\qquad$ presence in an empty room:
our shadows, hand in hand, among the first shoots of sunlight
$\qquad\qquad$ on the parquet floor,
still waters of white wedding light.

"You can see it, if you want.
But you've come too late."
It was growing late for us.
Late for everything.
Forever.

[handwritten marginalia:] Build on a firm foundation + love can withstand any problem at all

[handwritten marginalia:] an older couple loses out to some young (wet - behind the ears) couple

Roberto Fernández Retamar

Niñas y niños, muchachas y muchachos

Niñas y niños, muchachas y muchachos,
seres prácticamente humanos y decentes:
agradezco de corazón la fineza
que los ha traído hasta aquí
con las uñas limpias, bien vestidos y peinados,
mirando de reojo mis libros
y mi calva indetenible.
Pero
no tengo nada que decirles:
soy lo mismo que ustedes, sólo que
han pasado los años, me han pasado los años,
y hay quien cree que así
uno está en mejor disposición
para decir algo.
Tengo malas noticias.

Roberto Fernández Retamar (1930–   ), Cuba. Editor of the *Casa de las Américas* magazine in Havana, Fernández Retamar has also worked as a teacher. His books of poetry include *Elegía como un himno* (1950); *Alabanzas, conversaciones* (1955); *Vuelta a la antigua esperanza* (1959); *Buena suerte viviendo* (1967).

Girls and Boys, Young Men and Women

Girls and boys, young men and women,
almost decent and human beings,
I really appreciate
your thoughtfulness in turning up
with clean fingernails, well dressed and groomed,
as you glance from the corners of your eyes
at my books and receding hairline.
But
I've got nothing to say.
We're just the same, except
the years have passed, the years have aged me.
And some people argue
that age is a kind of platform
for opening one's mouth.
I've got bad news.

Yo también (hace quizás mucho tiempo)
me limpié las uñas, me peiné al lado, me vestí de limpio
y me senté frente a un calvo.
En vano.
Sépase pues:
no tengo nada que decirles.

Antes de separarnos,
buena suerte viviendo.

Like you (probably a long time ago)
I cleaned my nails, parted my hair, changed my clothes
and sat down in front of a man with a bald head.
To no use.
So you get the message—
I've got nothing to say.

Before we call it a day,
good luck living.

Fayad Jamís

¿Qué es para usted la poesía?

¿Qué es para usted la poesía además de una piedra horadada
                              por el sol y la lluvia,
además de un niño que se muere de frío en una mina del Perú,
además de un caballo muerto en torno al cual las tiñosas
                              describen eternos círculos de humo,
además de una anciana que sonríe cuando le hablan de una receta
                              nueva para hacer frituras de sesos
(a la anciana, entretanto, le están contando las maravillas
de la electrónica, la cibernética y la cosmonaútica),
además de un revólver llameante, de un puño cerrado,
de una hoja de yagruma, de una muchacha triste o alegre,
además de un río que parte el corazón de un monte?

¿Qué es para usted la poesía además de una fábrica de juguetes,
además de un libro abierto como las piernas de una mujer,
además de las manos callosas del obrero,

Fayad Jamís (1930–   ), Cuba. Jamís is editor of the magazine of the Writers' and Artists' Union of Cuba and teaches in an art school. Some of his published books are *Los párpados y el polvo; Vagabundo del alba; Los puentes; La pedrada;* and *Por esta libertad.*

What's Poetry for You?

What's poetry for you besides a stone pocked by rain and sun,
a child dying of cold in the mines of Peru,
a dead horse ringed by infinite clouds of mites,
an old woman who smiles if she hears of a new recipe for fried brains
(though meanwhile being told of the marvels
of electronics, cybernetics and the cosmonauts),
a revolver's flame, a closed fist,
a yagruma[1] leaf, a girl who is sad or happy,
or a river that splits a mountain's heart?

What's poetry for you besides a toy factory,
a book open like a woman's thighs,
a worker's calloused hands,

[1] A tree of the Ulmaceae family.

311

además de las sorpresas del lenguaje—ese océano sin fin totalmente
                                creado por el hombre—,
además de la despedida de los enamorados en la noche asaltada por
                                las bombas enemigas,
además de las pequeñas cosas sin nombre y sin historia
(un plato, una silla, una tuerca, un pañuelo,
un poco de música en el viento de la tarde)?

¿Qué es para usted la poesía además de un vaso de agua en la
                                garganta del sediento,
además de una montaña de escombros (ruinas de un viejo mundo
                                abolido por la libertad),
además de una película de Charles Chaplin,
además de un pueblo que encuentra a su guía y de un guía que
                                encuentra a su pueblo
en la encrucijada de la gran batalla,
además de una ceiba derramando sus flores en el aire mientras el
                                campesino se sienta a almorzar,
además de un perro ladrándole a su propia muerte,
además del retumbar de los aviones al romper la barrera del sonido
(pienso especialmente en nuestro cielo y nuestros héroes)?

¿Qué es para usted la poesía además de una lámpara encendida,
además de una gallina cacareando porque ha acabado de poner,
además de un niño que saca una cuenta y compra un helado de mamey,
además del verdadero amor, compartido como el pan de cada día,
además del camino que va de la oscuridad a la luz (y no a la
                                inversa),
además de la cólera de los que son torturados porque luchan por la
                                equidad y el pan sobre la tierra,
además del que resbala en la acera mojada y lo están viendo,

the surprises of language—that endless ocean created by man—,
the good-bys of lovers assaulted at night by enemy bombs,
or the little things without history or label
(a plate, a chair, a nut, a handkerchief,
a snatch of music on the evening wind)?

What's poetry for you besides a glass of water down a thirsty throat,
a mountain of debris (the ruins of an old world abolished for freedom),
a Charlie Chaplin film,
a people that finds its guide and a guide who finds his people
at the crossroads of a major battle,
a silkcotton tree that shakes its blossoms into the air
                              as a worker sits down to lunch,
a dog howling at its own death,
the roar of airplanes crashing the sound barrier
(I particularly think of our skies, our heroes)?

What's poetry for you besides a light switched on,
a hen cluck-clucking on a new-laid egg,
a child who pulls out a banknote to buy a mammee apple[1] ice,
a love that's genuine, shared like the bread of every day,
the road that runs from darkness into light
                              (and not the other way),
the indignation of men tortured because they fight for equality
                              and bread on earth,
the man who slips on a wet pavement under the eyes of a crowd,

---

[1] The fruit of the mammee apple tree, with a red rind and yellow pulp.

además del cuerpo de una muchacha desnuda bajo la lluvia,
además de los camiones que pasan repletos de mercancias,
además de los herramientas que nos recuerdan una araña o un lagarto.
además de la victoria de los débiles,
además de los días y las noches,
además de los sueños del astrónomo,
además de lo que empuja hacia adelante a la inmensa humanidad?
¿Qué es para usted la poesía?
Conteste con letra muy legible, preferiblemente de imprenta.

a woman naked in the rain, → *erotic phrase to use*
trucks that drive past us loaded with freight,
tools that remind us of lizards or spiders,
our days and nights,
the astronomer's dreams,
and whatever urges the great mass of humanity forward?
What's poetry for you?
Answer in legible letters, preferably in print.

Go ahead Earl

What is poetry to me :

by Earl Wright

Antonio Cisneros

Poema sobre Jonás y los desalienados

Si los hombres viven en la barriga de una ballena
sólo pueden sentir frío y hablar
de las manadas periódicas de peces y de murallas
oscuras como una boca abierta y de manadas
periódicas de peces y de murallas
oscuras como una boca abierta y sentir mucho frío.
Pero si los hombres no quieren hablar siempre de lo mismo
tratarán de construir un periscopio para saber
cómo se desordenan las islas y el mar
y las demás ballenas—si es que existe todo eso.
Y el aparato ha de fabricarse con las cosas
que tenemos a la mano y entonces se producen
las molestias, por ejemplo
si a nuestra casa le arrancamos una costilla
perderemos para siempre su amistad
y si el hígado o las barbas, es capaz de matarnos.
Y yo estoy por creer que vivo en la barriga de alguna ballena
con mi mujer y Diego y todos mis abuelos.

Antonio Cisneros (1942–   ), Peru. A lecturer in Spanish at the University of Southampton, England, Cisneros was awarded first prize in poetry by La Casa de las Américas in Havana in 1967. He has published *Destierro; David; Comentarios reales;* and *Canto ceremonial contra un oso hormiguero.*

Poem on Jonas and Others Out of Line

If men live in the belly of a whale,
all they can do is stand the cold and talk
about runs of fish and dark
walls like an open mouth and talk
about runs of fish and walls
dark like an open mouth and stand the freezing cold.
But if they get tired of talking on the same subjects,
they'll try to construct a periscope to learn
how the islands and the sea and other whales
are out of line—if all these things exist.
And this tool must be constructed
from whatever's at hand, which results
in discomforts—for instance,
if we tear a rib out of our home,
we'll forfeit its friendship forever,
or if its whiskers or liver, it's capable of murdering us.
And I'm apt to think I live in the belly of a whale,
with my wife and Diego and all my forefathers.

Javier Heraud

Las moscas

Claro, señorita mosca,
Ud. vuela graciosamente.
Ud. se dibuja en el aire,
se dibuja con su sombra
movediza en las paredes,
Ud. parece reirse de mí,
porque yo ni la miro
débilmente,
y Ud. se posa en mi nariz,
se para en mi cabeza,
se posa sobre mi hombro
y hasta diría le gusta,
ay señorita mosca,
que yo le ponga
inútilmente mi mano
para matarla,

Javier Heraud (1942–1963), Peru. After studying cinema in Cuba, Heraud joined the guerrillas in Peru. He was killed in the jungle at the age of twenty-one by the army.

Flies

It's clear, Miss Fly,
you fly beautifully.
You draw yourself in air
and on walls with your
darting shadow.
You seem to laugh at me
because I don't deign
to look at you.
And you land on my nose,
on my hair,
on my shoulder,
I'd even swear, Miss Fly,
you enjoy
watching my hand swat
air when I

pues Ud. se ahuyenta,
levanta el vuelo,
y se posa sobre mi pan,
mis tostadas, mis libros
que aguardan su llegada.
¡Ay! señorita mosca,
me dicen que Ud. puede
traer males terribles,
pero yo no les creo,
y a donde suelo ir
la encuentro
nuevamente,
molestando con sus
alas.
Y claro
sólo los tontos
compran rejilla con mango,
o un periódico viejo,
y la persiguen
hasta que la ven caer,
moribunda.
Es oficio de ociosos,
eso de matar moscas
diariamente,
pues Ud., señorita mosca,
no asusta ni a las vacas
ni a los perros.
Pero le advierto:
si algún día yo pudiera,
reuniría a todos los sabios
del mundo,
y les mandaría fabricar
un aparato volador
que acabaría con Ud. y sus
amigas para siempre.

try to kill you.
For you give me the slip,
you rise in the air
and land on my bread,
my toast, my books
which await your touchdown. ———→ *funny !*
Miss Fly, I'm told
you're the bearer
of illness and death,
but I don't believe it ——————→ *I do !*
and wherever I am,
I find you
again,
bothering me
with your buzz.
And it's clear
only a fool
buys a mango-smeared twig
or yesterday's paper
and chases you
till
you drop dead. ——————→ *so true !*
It's a lazy man's game
swatting flies
all day,
for you, Miss Fly, don't
even scare cows
or dogs.
But I warn you—
if I could, I'd rally
all the scientists on earth
and make them build
a winged machine
to finish off you
and your friends forever.

Sólo espero no alimentarla
y no verla en mis entrañas,
el día que si acaso
me matan en el campo
y dejan mi cuerpo bajo el sol.

Arte poética

En verdad, en verdad hablando,
la poesía es un trabajo difícil
que se pierde o se gana
al compás de los años otoñales.

(Cuando uno es joven
y las flores que caen no se recogen
uno escribe y escribe entre las noches,
y a veces se llenan cientos y cientos
de cuartillas inservibles.
Uno puede alardear y decir
"yo escribo y no corrijo,
los poemas salen de mi mano
como la primavera que derrumbaron
los viejos cipreses de mi calle.")
Pero conforme pasa el tiempo
y los años se filtran entre las sienes
la poesía se va haciendo
trabajo de alfarero,
arcilla que se cuece entre las manos,
arcilla que moldean fuegos rápidos.

I only hope
I won't feed you or find you
in my guts
if some day I die fighting
and my body
is left in the sun.

The Art of Poetry

The truth, if we talk straight,
is that poetry's a hard struggle
we win or lose
to the rhythm of autumn years.

(When we're young
and don't pick the flowers that fall,
we write and write all night,
and sometimes fill up reams and reams
of useless paper.
We can boast and say,
"I never rewrite—
poems unfold from my hands
like the spring the ancient cypress trees
scattered on my street.")
But as time passes,
as the years seep through our foreheads,
poetry is slowly turned
to a potter's craft,
clay fired in our hands,
clay molded by rapid flames.

[handwritten margin notes: "Speak from the heart when writing poetry" and "I do this when I write poems & write ideas for stories"]

Y la poesía es
un relámpago maravilloso,
una lluvia de palabras silenciosas,
un bosque de latidos y esperanzas,
el canto de los pueblos oprimidos,
el nuevo canto de los pueblos liberados.

Y la poesía es entonces
el amor, la muerte,
la redención del hombre.

And poetry is
a miraculous lightning flash,
a rain of hushed words,
a forest of whips and hopes,
the chant of oppressed peoples,
the new song of freed lands.

And poetry is then
the love, the death,
the redemption of man.

[Handwritten annotations:]

So true it really does just pop into your hand

Love saves people from the worst

our peoples

mine: Puerto Rican, Black American
nuevo: Indian, Black American

are not the only people oppressed

themselves such as ... etc!

+ also oppressors! those who oppress put themselves in their own prisons.

Indice de poetas/Index to Poets

Andrade, Jorge Carrera, 212–217
Anónimo/Anonymous, 38–41, 104–113, 166–173, 246–253
Arreola, Juan José, 272–275
Asbaje, Juana de, 28–35

Belli, Carlos Germán, 298–301
Borges, Jorge Luis, 196–199
Brull, Mariano, 136–139

Cabral, Manuel de, 242–243
Cardenal, Ernesto, 280–287
Casal, Julián del, 72–73
Cisneros, Antonio, 316–317

Darío, Rubén, 78–98

Eguren, José María, 102–103

Gorostiza, José, 200–203
Guillén, Nicolás, 204–211

Heraud, Javier, 318–325
Hernández, José, 42–53
Huidobro, Vicente, 174–183

Ibáñez, Sara de, 244–245

Jamís, Fayad, 310–315

Lihn, Enrique, 302–305
Lugones, Leopoldo, 94–101

Martí, José, 58–69
Matos, Luis Palés, 184–189

Mistral, Gabriela, 118–129
Molinari, Ricardo E., 190–195

Nahuatl, 2–11
Neruda, Pablo, 224–241

Othón, Manuel José, 70–71

Palacio, Vicente Riva, 36–37
Parra, Nicanor, 268–271
Paz, Octavio, 254–267
Prada, Manuel González, 54–57

Quechua/Quechuan, 12–25

Retamar, Roberto Fernández, 306–309
Reyes, Alfonso, 130–135

Sabines, Jaime, 288–293
Sandoval y Zapata, Luis de, 26–27
Silva, José Asunción, 74–77

Tablada, José Juan, 90–93

Vallejo, César, 140–165
Varela, Blanca, 294–297
Velarde, Ramón López, 114–117
Villaurrutia, Xavier, 218–223
Vitier, Cintio, 276–279

Indice de títulos

A Roosevelt, 80
A una cómica difunta, 26
Abro mis alas, 4
Acuario, 200
Agua nocturna, 260
Al viento, en la prisión de Tlatelolco, 36
Alerta, 174
Algo sobre la muerte del mayor Sabines, 288
Altazor (de), 178
Alturas de Macchu Picchu (de), 224
Apu Inka Atawallpaman, 14
Aquí, 264
Ars, 76
Arte poética, 322
Avant-propos, 74

Blanca soledad, La, 96

Caballo, El, 102
Calor, 210
Caña, 204
Canción del maizal, 118
Cancionero de Príncipe de Vergara, 190
Cantos de Cacamatzin, 6
Considerando en frío, 146
Corte de cebada, 212
Cosas que digo son ciertas, Las, 294
Crepuscular, 72
Cuando salí de mi tierra, 166
Cuatro villancicos, 104

De puro calor tengo frío, 150
Desgraciados, Los, 152
Dos patrias, 68

En vez de humanos dulces, 298
Epigrama, 280

Fatal, Lo, 86
Fiesta de la Candelaria, La, 246

Gallo, El, 88

Haikais, 90
Himno entre ruinas, 254
Hombre del Ecuador bajo la Torre Eiffel, El, 214
Hombre pasa, Un, 160
Hora 0, La, 282
Horizonte, 176

Infimos, Los (de), 94
Isla en la luz, 244

Luz del Cayo, La, 276

Madrigal, 208
Madrugada, 260
Martín Fierro (de), 42
Masa, 164
Medianoche, La, 122
Me dio el ser mi madre, 12
Metamorfosis, 272
Mi prima Agueda, 114
Mira el paisaje, 70
Mitayo, El, 54
Mon dice cosas (de), 242
Moscas, Las, 318
Mosquito, Un, 170

Niñas de Tucumán, Las, 168
Niñas y niños, muchachas y muchachos, 306
Nocturno rosa, 218
Nueve monstruos, Los, 140

Oda a la alcachofa, 230

Padre, El, 236
Papá, mamá, 300
Pares y nones, 264
Piedra nativa, 262
Poema conjetural, 196
Poema sobre Jonás y los desalienados, 316

¿Qué es para usted la poesía?, 310

Receta contra el amor, 172
Recuerdos de juventud, 268
Recuerdos de matrimonio, 302
Redondillas, 28

Santo Tomé, 38
Sensemayá, 206
Sol de Monterrey, 130
Sólo venimos a dormir, 2

Traspié entre dos estrellas, 156
Todas íbamos a ser reinas, 124
Topografía, 184
¡Torres de Dios!, 78

Va corriendo, andando, huyendo, 148
Verdehalago, 136
Versos sencillos (de), 58

Yo, el poeta, 2

Index to Titles

Alert, 175
Altazor (from), 179
Aquarium, 201
Ars, 77
Art of Poetry, The, 323
Avant-Propos, 75

Candlemas Feast, The, 247
Cane, 205
Conjectural Poem, 197
Considering Coldly, 147

Dawn, 261

Epigram, 281

Fate, 87
Father, 237
Fighting Cock, The, 89
Flies, 319
Four Christmas Carols, 105

Girls and Boys, Young Men and Women, 307
Greencaress, 137

Haikus, 91
He Goes Running, Walking, Fleeing, 149
Heat, 211
Heights of Macchu Picchu, The (from), 225
Here, 265
Horizon, 177
Horse, The, 103
Humble, The (from), 95
Hymn Among Ruins, 255

I, the Poet, 3
I'm Frozen from Heat, 151
Instead of Gentle Human Beings, 299
Island in the Light, 245

Key West Light, 277

Lament for the Inca Atahualpa, 15
Look at the View, 71

Madrigal, 209
Man of Ecuador Under the Eiffel Tower, The, 215
Man Walks By, A, 161
Martín Fierro (from), 43
Masses, The, 165
Medicine to Cure Love, 173
Memories of Adolescence, 269
Metamorphosis, 273
Midnight, 123
Mitayo, The, 55
Mon Speaks Out (from), 243
Monterrey Sun, 131
Mosquito, The, 171
My Cousin Agatha, 115
My Mother Gave Me Life, 13

Native Stone, 263
Night Water, 261
Nine Monsters, The, 141

Odds or Evens, 265
Ode to an Artichoke, 231
On the Death of an Actress, 27
Opening My Wings, 5

Papa, Mama, 301
Poem on Jonas and Others Out of Line, 317

Reaping the Barley, 213
Rose Nocturne, 219

St. Thomas, 39
Sensemayá, 207
Simple Verses (from), 59
Song of Cacamatzin, The, 7
Song of the Corn, 119
Songbook of the Prince of Vergara, 191
Souvenirs of Marriage, 303
Stumbling Between Two Stars, 157

To Roosevelt, 81
To the Wind, from Tlatelolco Prison, 37
Topography, 185
Towers of Gods! Poets!, 79
Twilight, 73
Two Motherlands, 69

Verses, 29

We Only Come to Sleep, 3
We Were Going to Be Queens, 125
What I Say Is True, 295
What's Poetry for You?, 311
When I Left My Country, 167
White Solitude, 97
Words on the Death of Sabines Senior, 289
Wretched, The, 153

Young Ladies of Tucumán, 169

Zero Hour, 283

Indice de primeros versos

Abro mis alas, 4
Al fin de la batalla, 164
Amigos nuestros, 6
Aquí yace la púrpura dormida, 26
Aunque jamás se muda, 90

Bajo la calma del sueño, 96
Buscábamos un subsuelo donde vivir, 302

Canto la atareada hormiga, 94
Claro, señorita mosca, 318
*Como un meteoro capaz de resplandecer con luz
    propia a mediodía,* 272
Como vientre rajado sangra el ocaso, 72
Considerando en frío, imparcialmente, 146
Coronado de sí el día extiende sus plumas, 254
Cuando era niño, con pavor te oía, 36
Cuando salí de mi tierra, 166

¡De puro calor tengo frío, 150
¡Del verano, roja y fría, 92
¡Devuelve a la desnuda rama, 92
Dichoso el árbol, que es apenas sensitivo, 86
Dormir. ¡Todos duermen solos, 190
Dos patrias tengo yo: Cuba y la noche, 68

El calor raja la noche, 210
El jardín está lleno de hojas secas, 92
El maizal canta en el viento, 118
El negro, 204
El padre brusco vuelve, 236
El ser como el maíz se desgranaba en el inacabable, 224
El verso es vaso santo: poned en él tan sólo, 76
... En abril, en Nicaragua, los campos están secos, 282
En el jardín, 174

En un cuerno vacío de toro, 212
En verdad, en verdad hablando, 322
En vez de humanos dulces, 298
¡Es con voz de la Biblia, o verso de Walt Whitman, 80
Esta es la tierra estéril y madrasta, 184
Estoy en el baile extraño, 64

Fina, la medianoche, 122

¡Hay gentes tan desgraciadas, que ni siquiera, 156
...Hemos saltado del vientre de nuestra madre o del borde de una, 178
—"Hijo, parto: la mañana, 54
Hombres necios que acusáis, 28

La alcachofa, 230
La Guardia Nacional anda buscando a un hombre, 280
La luz devasta las alturas, 262
La noche de ojos de caballo que tiemblan en la noche, 260
Las niñas de Tucumán, 168
Lo cierto es que yo iba de un lado a otro, 268
Los peces de colores juegan, 200

¡Mayombe-bombe-mayombé!, 206
Me dio el ser mi madre, 12
Mi cholito está llorando, 108
Mi madrina invitaba a mi prima Agueda, 114
Mientras los niños crecen, tú, con todos los muertos, 288
Mira el paisaje: immensidad abajo, 70
Mis pasos en esta calle, 264

Nacieron las rosas, 106
Niñas y niños, muchachas y muchachos, 306
No cabe duda; de niño, 130
No vayas, soldado, al frente, 242

Papá, mamá, 300
Pasar el horizonte envejecido, 176

Pavo real, largo fulgar, 90
¡Penas! Quién osa decir, 66
Por el verde, verde, 136
Prescriben los facultativos, 74

¿Qué arco iris es este negro arco iris, 14
¿Qué es para usted la poesía además de una piedra horadada
   por el sol y la lluvia, 310
¡Qué fría es la nieve, 104

Rápidas manos frías, 260

Santo Tomé iba un día, 38
Se abrasó la paloma en su blancura, 244
Se ponen al fuego dos, 172
Si los hombres viven en la barriga de una ballena, 316
... Siempre andaba retobao, 42
Sólo venimos a dormir, sólo venimos a soñar, 2

Te vuelves vegetal a la orilla del tiempo, 214
Tierno saúz, 90
Todas íbamos a ser reinas, 124
¡Torres de Dios! ¡Poetas!, 78
Trozos de barro, 92
Tu vientre sabe más que tu cabeza, 208

Un astro estalla en una pequeña plaza y un pájaro pierde los ojos, 294
Un botonazo de luz, 88
Un hombre pasa con un pan al hombro, 160
Un mosquito impertinente, 170
Una luz arrasada de ciclón, 276
Una palabra de poco peso, 264

Va corriendo, andando, huyendo, 148
Viene por las calles, 102

Y, desgraciadamente, 140
Ya sé: de carne se puede, 66

Ya se prepara la gente, 246
Ya va a venir el día; da, 152
Ya viene el Niñito, 110
Yo, el poeta, señor del canto, 2
Yo pienso, cuando me alegro, 64
Yo soy un hombre sincero, 58
Yo también hablo de la rosa, 218

Zumban las balas en la tarde última, 196

Index to First Lines

A hurricane's leveling light, 277
A lightweight word, 265
A lunge in blaze, 89
A man walks by, shouldering his loaf of bread, 161
A mosquito tried to provoke, 171
A star explodes in a little square, a bird loses its sight, 295
Although he never moves house, 91
Among the flowers, 111
And unfortunately, 141
. . . April in Nicaragua, the fields are dry, 283
As a child, when the doors of the house groaned, 37

Below the stillness of sleep, 97
Big-Game Hunter, to reach your ear, 81
Bullets hum on the last afternoon, 197

Cold rapid hands, 261
Considering coldly, dispassionately, 147
Crowned with itself, the day spreads its feathers, 255

Dead leaves litter the garden, 93
Down the hollow horn of a bull, 213

Each shadow, 175

Fortunate the tree that is scarcely aware, 87

Girls and boys, young men and women, 307
Glittering fish play, 201
Green, green with hope, 119

He goes running, walking, fleeing, 149
He never talked to a soul, 43
Heat breaks the night, 211

Heat on the flames till browned, 173
Here, where the sleeping purple lies, 27
How cold the snow, 105

I also speak of the rose, 219
I have two motherlands: Cuba and night, 69
I know: from flesh you can make, 67
I sing the bustling ant, 95
I, the poet, the master of music, 3
Iced, red laughter, 93
If men live in the belly of a whale, 317
I'm a man you can trust, 59
I'm at the strange dance, 65
I'm frozen from heat, 151
Instead of gentle human beings, 299
It's clear, Miss Fly, 319

Life, like corn, shed its kernels, 225
Light lays waste to the sky, 263
Like a meteor that can shine at noon by the light it emits, 273
Like a simple boy, 65
Like a torn stomach the west bleeds, 73
Listen, my friends, 7
Look at the view: immensity of space, 71
Lumps of mud, 93

Mayombe-bombe-mayombé!, 207
Midnight is pure, 123
My footsteps in this street, 265
My godmother used to ask my cousin Agatha, 115
My little boy's sobbing, 109
My mother gave me life, 13
"My son, I'm off. The morning light, 55

No shadow of doubt; the sun, 131
Nocturnal moth, 92

Opening my wings, 5
Our rough father, 237
Over the green, green, 137

Papa, Mama, 301
Peacock, prolonged splendor, 91
People are getting ready, 247

Roses and lilies, 107

St. Thomas sailed along, 39
Sleep. Everyone, mother, 191
Soldier, don't go to the front, 243

The black man, 205
The day is going to come; wind up, 153
The delicate, 91
The dove caught fire from being white, 245
The National Guard is hunting for a man, 281
The night of the eyes of the horse trembling in night, 261
The poem is a chalice: pour into it, 77
The soft-hearted, 231
The truth, if we talk straight, 323
The truth is I drifted from side to side, 269
There are men so unlucky they even, 157
This is the barren, hostile soil, 185
To cross the horizon of age, 177
Towers of God! Poets!, 79
Trials! Who dares to claim, 67

Under pared moons, 103

. . . We have jumped from our mother's womb or the rim, 179
We only come to sleep, we only come to dream, 3
We were going to be queens, 125
We were looking for a basement to live in, 303

What rainbow is this black rainbow, 15
What's poetry for you besides a stone picked by rain and sun, 311
When a patient groans, 75
When I left my country, 167
When the fighting ended, 165
While the children grow, you with all the dead, 289

You men are foolish who accuse, 29
You turn to a plant on the shores of time, 215
Young ladies of Tucumán, 169
Your belly knows more than your head, 209

Bibliografía escogida/Selected Bibliography

Arguedas, José María, and Carillo, Francisco, eds. *Poesía y prosa quechua.* Lima, 1967.

Arreola, Juan José. *Confabulario total.* Mexico City, 1951–61.

Asbaje, Juana de. *Poesía,* Editorial Porrúa, S.A., Mexico, 1965.

Asturias, Miguel Angel de, ed. *Poesía precolumbina,* 2nd ed. Buenos Aires, 1968.

Belli, Carlos Germán. *El pie sobre el cuello.* Montevideo, 1967.

Benson, Rachel. *Nine Latin American Poets.* New York, 1968.

Borges, Jorge Luis. *Obra poética (1923–1967).* Buenos Aires, 1967.

Brotherston, Gordon, ed. *Spanish American Modernista Poets.* New York and London, 1968.

Brull, Mariano. *Poemas en menguante.* Paris, 1928.

Cabral, Manuel de. *Antología clave (1930–1956).* Buenos Aires, 1957. *Compadre Mon dice cosas.* Santo Domingo, 1943.

Caracciolo-Trejo, E., ed. *The Penguin Book of Latin American Verse.* London, 1971.

Cardenal, Ernesto. *Poemas.* Casa de las Americas, Havana, 1967.

Carrera Andrade, Jorge. *Edades poéticas (1922–1956).* Quito, 1958.

del Casal, Julian. *Poesías completas.* Edited by M. Cabrera Saqul. Havana, 1973.

Cisneros, Antonio. *Cante ceremonial contra un oso hormiguero.* Casa de las Americas, Havana, 1968.

Darío, Rubén, *Antología poética.* Buenos Aires, 1966.

Eguren, José María, *Poesías escogidas.* Lima, 1957.

Fernández Retamar, Roberto. *Poesía reunida.* Havana, 1966.

Florit, Eugenio, and Jiménez, José Olivio. *La poesía hispanoamericana desde el modernismo.* New York, 1968.

Franco, Jean. *An Introduction to Spanish-American Literature Since Independence.* New York, 1973.

343

Garibay, Angel María, ed. *Poesía indígena*. Mexico City, 1962.
González Prada, Manuel. *Baladas peruanas*. Santiago de Chile, 1935.
Gorostiza, José, *Poesía*. Mexico City, 1964.
Guillén, Nicolás. *Antología mayor*. Havana, 1964.

Hernández, José. *Martín Fierro*. Edited by Carlos Alberto Leumann.
  Buenos Aires, 1961.
Huidobro, Vicente. *Poesía y prosa*. Madrid, 1967.

León-Portilla, Miguel. *Trece poetas del mundo azteca*. Mexico City, 1967.
Lihn, Enrique. *La pieza oscura*. Santiago, 1963.
Lopez Velarde, Ramón. *Poesías completas y el minutero*. Edited by Antonio
  Castro Leal. 3rd ed. Editorial Porrúa, Mexico, 1957.
Lugones, Leopoldo. *Antología poética*. Edited by Carlos Obligado. 9th ed.
  Buenos Aires, 1965.

Martí, José. *Versos*. Edited by Eugenio Florit. New York, 1962.
Mistral, Gabriela. *Antología*. Santiago de Chile, 1957.
Molinari, Ricardo E. *Cancionero de Príncipe de Vergara*. Buenos Aires, 1933.

Neruda, Pablo. *Canto general*. Mexico City, 1950.
———. *The Heights of Macchu Picchu*. Translated by Nathaniel Tarn.
  New York, 1966.

Onís, Federico de, ed. *Antología de la poesía española e hispano-americana*
  (*1882–1932*). New York, 1964.
Othón, Manuel José. *Obras completas*. Edited by J. Zavala. Mexico City,
  1945.

Palés Matos, Luis. *Poesía (1915–1956)*. Introduction by Federico de
  Onís. 3rd ed. Puerto Rico, 1968.
Parra, Nicanor. *Poemas y antipoemas*. Santiago de Chile, 1954.
Paz, Octavio. *Libertad bajo palabra: obra poética*. Mexico, 1960.

Reyes, Alfonso. *Obras completas*. Mexico City, 1959.

Salazar Bondy, Sebastián, ed. *Poesía quechua*. Mexico City, 1964.
Sandoval y Zapata, Luis. In *Poetas novohispanos: primera parte del segundo*

siglo, 1621–1721. Edited by Alfonso Méndez Plancarte. Mexico City, 1944.

Silva, José Asunción. *Poesías completas.* Madrid, 1963.

Tablada, José Juan. *Los mejores poemas de José Juan Tablada.* Mexico, 1943.

Vallejo, César. *Poemas completos.* Editora Peru Nuevo, Lima, 1967.

Varela, Blanca. *Ese puesto existe.* Ficción Universidad Veracruzana, Xalapa, Mexico, 1959.

Villaurrutia, Xavier. *Nostalgia de la muerte.* 2nd ed. Mexico City, 1946.

ACKNOWLEDGMENTS

Thanks are due to the following for permission to include copyrighted poems:

Sybila Arredondo Arguedas for "Apu Inka Atawallpaman," translated by José María Arguedas, from *Poesía quechua*, edited by José María Arguedas, Editorial Universitaria, O. Macchu, Buenos Aires, 1965.

Carmen Balcells, Agencia Literaria (Agent for the Estate of Pablo Neruda), for Pablo Neruda's "El padre," from *Memorial de Isla Negra*, 5 vols., 1964, and for "Oda a la alcachofa," from *Odas elementales*.

Carlos Germán Belli for his poems, "En vez de humanos dulces" and "Papá, mamá," from *El pie sobre el cuello*, Editorial Alfa, Montevideo, Uruguay, 1967.

Manuel del Cabral for translation rights on his poem, "No. 6," from *Compadre Mon dice cosas*, Santo Domingo, 1943.

Ernesto Cardenal for his poem "La Guardia Nacional anda buscando a un hombre," from *Epigramas*, Universidad Nacional Autónoma de Mexico, 1961, and excerpts from "La hora 0," from *Poemas*, Casa de las Americas, Havana, Cuba 1967.

The Trustees of Columbia University and the Hispanic Institute of Columbia University for "El caballo" by José María Eguren from *Vida y obra, antología bibliografía*, The Hispanic Institute, 1961.

Carmen Conde for "¡Torres de Dios!," "A Roosevelt," "El gallo," and "Lo fatal" by Rubén Darío, from *Poesías completas*, edited by A. Méndez Plancarte, Aquilar Madrid, 1961.

Joan Daves for "La medianoche," © 1938 by Gabriela Mistral, "Cancion del maizal," © 1924 by Gabriela Mistral, and "Todas íbamos a ser reinas," © 1938 by Gabriela Mistral. Reprinted by permission of Doris Dana.

Delacorte Press/Seymour Lawrence for Jorge Luis Borges' "Poema conjetural," from *Jorge Luis Borges: Selected Poems 1923–1967*, edited by Norman Thomas di Giovanni. Copyright © 1968 by Emece Editores, S.A., and Norman Thomas di Giovanni. By permission of Delacorte Press/Seymour Lawrence.

Editorial Joaquín Mortiz for Juan José Arreola's "Metamorfosis," from *Confabulario total*. Mexico City, 1951–61.

Editorial Losada, S.A., Buenos Aires for "No. 6" from *Compadre Mon dice cosas*, Santo Domingo, 1943.

Editorial Nascimento, Santiago, Chile for Nicanor Parra's "Recuerdos de juventud," from *Poemas y antipoemas*, Santiago de Chile, 1954.

Editorial Porrúa, S.A., Mexico for Ramón López Velarde's "Mi prima Agueda," from *Poesías completas y el minutero*, edited by Antonio Castro Leal, 3rd ed., 1963.

Editorial Universitaria, San Juan, Puerto Rico for Luis Palés Matos' "Topografía," from *Poesía (1915–1956)*. Introduction by Federico de Onís, 3rd ed. Copyright 1958 by Puerto Rico Press.

Farrar, Straus & Giroux, Inc. for the selections from *The Heights of Macchu Picchu* by Pablo Neruda. Used with the permission of the Publisher, Farrar, Straus & Giroux, Inc.

Fondo de Cultura Económica Mexico for José Gorostiza's "Acuario," from *Poesía* by José Gorostiza, Fondo de Cultura Económica Mexico, 1964, and for Xavier Villaurrutia's "Nocturno rosa," from *Nostalgia de la muerte*, 2nd ed., Mexico City,

347

1946, and for Alfonso Reyes' "Sol de Monterrey," from *Obras completas,* Fondo de Cultura Económica Mexico, 1959.

Roberto Ibáñez for Sara de Ibáñez' "Isla en la luz," from *Hora ciega,* Editorial Losada, S.A., Buenos Aires, 1943.

Miguel León-Portilla for his translation of "Cantos de Cacamatzin," from *Trece poetas del mundo azteca,* Mexico City, 1967.

Lima Ediciones de la Rama Florida for Javier Heraud's "Las moscas" and "Arte poetica," from *Poesías completas y homenaje,* Industrial Grafica, 1964.

Ricardo E. Molinari for his poem, "Cancionero de Príncipe de Vergara," from *Un dia, el tiempo y las nubes,* published by the author.

Octavio Paz for his poems "Himno entre ruinas," "Aqua nocturna," and "Piedra nativa," from *Libertad bajo palabra: obra poética,* Fondo Cultura Económica Mexico, 1960, and "Madrugada," "Aquí," and "Pares y nones," from *Salamandra,* 2nd ed., Editorial Joaquín Mortiz, S.A., Mexico City, 1969.

Maestra Dolores Roldán for "Sólo venimos a dormir" and "Abro mis alas," translated by Dr. Angel Ma. Garibay K., from *Poesía pre-colombina,* edited by Miguel Angel Asturias, 2nd ed., 1968.

Jaime Sabines for his poem, "Algo sobre la muerte del mayor Sabines," from *Recuento de poemas,* Universidad Veracruzana, Vera Cruz, Mexico, 1962.

Antonio de Undurraga, Ministerio de Relaciones Exteriores, Republica de Chile for excerpts from Vicente Huidobro's "Altazor," and for "Alerta" and "Horizontes," from *Vicente Huidobro, poesía y prosa,* 2nd ed., Ediciones Aquilar, S.A., Madrid, 1967.

Universidad Nacional Autónoma de México for José Juan Tablada's Haikais: "El saúz," "El pavo real," "La tortuga," "Hojas secas," "Los sapos," "Mariposa nocturna," and "Sandía," published in *Nueva biblioteca mexicana;* and for "Me dio el ser mi madre," from *Poesía quechua,* Edited by Sebastián Salazar Bondy, 1964; and for Manuel José Othón's "Mira el paisaje," from *Obras completas,* edited by J. Zavala, Mexico, 1945.

Blanca Varela for her poem, "Las cosas que digo son ciertos," from *Ese puesto existe, y otros poemas,* Universidad Veracruzana, Vera Cruz, Mexico, 1959.

Georgette de Vallejo for César Vallejo's poems, "Los nueve monstruos," "Considerando en frío," "Va corriendo, andando, huyendo," "De puro calor tengo frío," "Los desgraciados," "Traspié entre dos estrellas," "Un hombre pasa," and "Masa," from *Poemas completos,* Moncloa, Lima, 1967.

Sylvia B. Zimmermann for Mariano Brull's "Verdehalago," from *Poemas en menguante,* Paris, 1928.

78-12233   54446   861.08
Duran, Cheli,ed.   YEL

AUTHOR
The yellow canary whose eye is
TITLE so black

DATE DUE	BORROWER'S NAME	ROOM NUMBER